AF403960

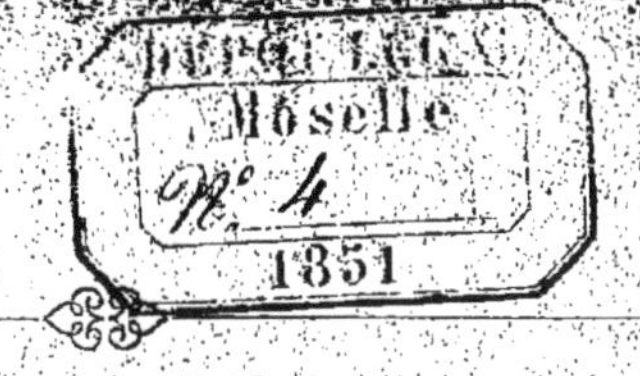

DE L'APPLICATION

DES

LOIS ET INSTRUCTIONS

SUR LE

TIMBRE ET L'ENREGISTREMENT

EN MATIÈRE

DE COMPTABILITÉ COMMUNALE,

Précédé

DES DISPOSITIONS LÉGISLATIVES

Sur la formation des Budgets et l'ordonnancement des dépenses des Communes.

Par M. Édouard SAUER,

Conservateur des Archives de la Préfecture de la Moselle.

METZ,

IMPRIMERIE DE Ch. DIEU ET V. MALINE,

PLACE CHAPPÉ, N° 1 BIS.

1851.

DE L'APPLICATION

DES

LOIS ET INSTRUCTIONS

SUR LE

TIMBRE ET L'ENREGISTREMENT

EN MATIÈRE

DE COMPTABILITÉ COMMUNALE,

Précédé

DES DISPOSITIONS LÉGISLATIVES

*Sur la formation des Budgets et l'ordonnancement des
dépenses des Communes.*

Par M. Édouard SAUER,

Conservateur des Archives de la Préfecture de la Moselle.

METZ,

IMPRIMERIE DE Ch DIEU ET V. MALINE,

PLACE CHAPPÉ, Nº 1 BIS.

1851.

TITRE I.

DE LA FORMATION DES

BUDGETS

ET DE L'ORDONNANCEMENT DES

DÉPENSES.

Toute personne autre que le Receveur municipal, qui, sans autorisation légale, se serait ingérée dans le maniement des deniers de la Commune, sera, par ce seul fait, constituée comptable ; elle pourra en outre être poursuivie en vertu de l'article 258 du code pénal, comme s'étant immiscée sans titre dans des fonctions publiques.

Art. 64 de la loi du 18 juillet 1837.

Quiconque, sans titre, se sera immiscé dans des fonctions publiques, civiles ou militaires, ou aura fait les actes d'une de ces fonctions, sera puni d'un emprisonnement de deux à cinq ans, sans préjudice de la peine de faux, si l'acte porte le caractère de ce crime.

Art. 258 du code pénal.

DU BUDGET

ET

DES COMPTES COMMUNAUX.

SECTION PREMIÈRE.

Du Budget.

§ 1ᵉʳ. — PROPOSITIONS DU MAIRE.

I. — Il appartient au Maire de préparer et de proposer au Conseil municipal réuni en session annuelle
et ordinaire du mois de mai, le Budget de l'exercice
suivant. (Loi du 18 juillet 1837, art. 10, § 4.)

§ 2. — REFUS DU MAIRE.

II. — Si le Maire négligeait de dresser et de remettre au Conseil municipal le Budget de la Commune,
le Préfet, après l'en avoir requis, pourrait procéder
à ces actes par lui même, ou par un délégué spécial.
(Art. 704 de l'instruction générale ; loi du 18 juillet 1837,
art. 15.)

§ 3. — EXAMEN DU BUDGET PAR LE CONSEIL MUNICIPAL.

III. — Les Budgets adoptés par les Conseils municipaux, sont ensuite adressés par les Maires aux Sous-
Préfets. (Loi du 18 juillet 1837, art. 33.)

DU BUDGET

ET

DES COMPTES COMMUNAUX.

———◦———

SECTION PREMIÈRE.

Du Budget.

§ 1er. — PROPOSITIONS DU MAIRE.

I. — Il appartient au Maire de préparer et de proposer au Conseil municipal réuni en session annuelle et ordinaire du mois de mai, le Budget de l'exercice suivant. (Loi du 18 juillet 1837, art. 10, § 4.)

§ 2. — REFUS DU MAIRE.

II. — Si le Maire négligeait de dresser et de remettre au Conseil municipal le Budget de la Commune, le Préfet, après l'en avoir requis, pourrait procéder à ces actes par lui même, ou par un délégué spécial. (Art. 704 de l'instruction générale ; loi du 18 juillet 1837, art. 15.)

§ 3. — EXAMEN DU BUDGET PAR LE CONSEIL MUNICIPAL.

III. — Les Budgets adoptés par les Conseils municipaux, sont ensuite adressés par les Maires aux Sous-Préfets. (Loi du 18 juillet 1837, art. 33.)

§ 4. — Rejet des dépenses proposées ou refus du conseil de délibérer.

IV. — Dans le cas où un Conseil municipal rejetterait le Budget de la Commune dans son ensemble, il serait dressé par l'*Administration locale* (le Maire), un Budget d'office, dans lequel seraient comprises seulement les dépenses déclarées obligatoires par la loi. — Ce Budget serait soumis à l'approbation de l'autorité supérieure compétente, qui statuerait dans les formes accoutumées. (Art. 709 de l'inst. gén.)

V. — Les formes accoutumées dont il est parlé ci-dessus, sont tracées par l'art. 39 de la loi du 18 juillet 1837, qui est ainsi conçu : « Si un Conseil municipal « n'allouait pas les fonds exigés pour une dépense obli- « gatoire, ou n'allouait qu'une somme insuffisante, « l'allocation nécessaire serait inscrite d'office par or- « donnance du Roi, pour les Communes dont le revenu « est de cent mille francs et au-dessus, et par arrêté « du Préfet, en conseil de Préfecture, pour celles dont « le revenu est inférieur. »

« Dans tous les cas, le Conseil municipal sera préa- « lablement appelé à en délibérer. »

« S'il s'agit d'une dépense variable, elle sera ins- « crite pour sa quotité moyenne pendant les trois der- « nières années. S'il s'agit d'une dépense annuelle et « fixe de sa nature, ou d'une dépense extraordinaire, « elle sera inscrite pour sa quotité réelle. »

« Si les ressources de la Commune sont insuffisantes « pour subvenir aux dépenses obligatoires inscrites « d'office en vertu du présent article, il sera pourvu

« par le Conseil municipal, ou en cas de refus de sa
« part, au moyen d'une contribution extraordinaire
« établie par une ordonnance du Roi, dans les limites
« du maximum qui sera fixé annuellement par la loi de
« finances, et par une loi spéciale si la contribution
« doit excéder ce maximum. »

§ 5. — RECETTES ET DÉPENSES. — AUTORISATION. — CONTRÔLE.

VI. — Les recettes et dépenses des Communes ne peuvent être faites qu'en *vertu du Budget* de chaque exercice *ou d'autorisation supplémentaire.* (Inst. gén., art. 699 et 893; loi du 18 juillet 1837, art. 33 et 34.)

Ici nous ne pouvons nous dispenser de faire une observation; c'est qu'en général les Administrations municipales abusent de la faculté qui leur est laissée par ce dernier §. Dans une circulaire de 1834, M. le Ministre de l'intérieur fait observer que cette faculté de demander des crédits additionnels n'a été introduite dans la loi que pour que le service communal ne se trouvât pas entravé par l'omission d'une dépense urgente oubliée lors de la rédaction du Budget primitif, ou qui ne s'est présentée qu'après, occasionnée par des circonstances fortuites et imprévues. Mais on ne peut se dissimuler que c'est sortir de l'esprit des réglements que d'appliquer cette faculté à des dépenses qu'il était le plus souvent très-facile de prévoir avant la présentation du Budget.

Une marche contraire, indépendamment de ce qu'elle tend à multiplier outre-mesure la correspondance et le travail des bureaux des Préfectures, a l'inconvénient plus grave encore, de déranger sans motifs suffisants l'économie du Budget arrêté par l'autorité compétente.

MM. les Maires ne doivent pas perdre de vue qu'il dépend d'eux, en réglant bien le Budget, de se soustraire, ainsi que les Conseils municipaux, à ces réunions sans cesse renouvelées, parce que toutes les dépenses n'ont pas été à l'avance prévues et bien ordonnées. Un Budget bien fait met le Maire en mesure d'agir sans *ren—*

contrer à chaque pas les entraves salutaires que les formes de la comptabilité mettent aux dépenses qui n'auraient pas été régulièrement votées par les Conseils municipaux.

§ 6. — ORDONNANCEMENT DES DÉPENSES.

VII. — Le Maire ou les Adjoints qui le remplacent, sont seuls ordonnateurs des dépenses municipales. (Inst. gén., art. 851 ; loi du 18 juillet 1837, art. 61.)

§ 7. — REFUS D'ORDONNANCER.

VIII. — Si un Maire refusait d'ordonnancer une dépense régulièrement autorisée et liquidée, il serait prononcé *par le Préfet* en Conseil de Préfecture. — L'arrêté du Préfet tiendrait lieu du mandat du Maire. (Loi du 18 juillet 1837, art. 61 ; Inst. gén., art. 851.)

SECTION DEUXIÈME.

Des Comptes.

§ 1er. — RECOUVREMENTS DES DENIERS COMMUNAUX.

IX. — Les recettes et dépenses communales s'effectuent par *un comptable chargé seul*, et sous sa responsabilité, de poursuivre la rentrée de tous les revenus de la Commune, et de toutes sommes qui lui seraient dues, ainsi que d'acquitter les *dépenses ordonnancées par le Maire*, jusqu'à concurrence des crédits *régulièrement accordés*. (Loi du 18 juillet 1837, art. 62 ; Inst. gén., art. 710.)

(*Voir* en outre les articles VII, VIII et XIII du présent titre.)

§ 2. — Mandats. — Acquits. — Forme.

X. — Les parties prenantes doivent dater elles-mêmes leurs quittances et y désigner, non-seulement le jour, mais encore la Commune où le paiement a lieu. — Les Receveurs municipaux sont tenus de veiller à l'accomplissement de cette formalité. (Instruct. gén., article 878.)

§ 3. Quittances. — Créanciers illétrés.

XI. — Dans le cas où le porteur d'un mandat ne saurait point signer, et lorsque le mandat n'excède pas 150 fr., le Receveur municipal peut en effectuer le paiement en présence de deux témoins qui signent avec lui, sur le mandat, la déclaration faite par la partie prenante. — Si le mandat excède 150 fr., la quittance doit être donnée devant notaire. (Inst. gén,, art. 868.)

§ 4. — Examen des comptes.

XII. — Le Conseil municipal délibère sur les comptes présentés annuellement par le Maire. — Il entend, débat et arrête les comptes de deniers des Receveurs, sauf règlement définitif par le Conseil de Préfecture. (Loi du 18 juillet 1837, art. 23 et 66.)

§ 5. — Comptabilité en dehors des règles ci-dessus rappelées. — Comptabilité occulte.

XIII. — Toute personne, autre que le Receveur municipal, qui, sans autorisation légale, se serait ingérée dans le maniement des deniers de la Commune, sera, par ce seul fait, constituée comptable ; elle pourra en outre être poursuivie en vertu de l'art. 258 du code pénal, comme s'étant immiscée sans titre dans des fonctions publiques.

Nous n'avons pas besoin de faire remarquer que cette disposition générale d'exclusion s'applique au chef de l'autorité locale particulièrement. MM. les Maires doivent donc bien se garder d'excéder leur droit de simple ordonnateur, que leur confère l'art. 61 de la loi du 18 juillet 1837, et de faire des *recettes* ou des *dépenses*, même quand il serait constaté qu'il y a un grand bénéfice pour la Commune, puisqu'aux termes de l'art. 63 prérappelé, ils tombent, par ce fait, sous l'application de l'art. 258 du code pénal, ainsi conçu : « QUICONQUE, SANS TITRE, SE SERA IMMISCÉ DANS DES FONCTIONS PUBLIQUES, CIVILES OU MILITAIRES, OU AURA FAIT LES ACTES D'UNE DE CES FONCTIONS, SERA PUNI D'UN EMPRISONNEMENT DE DEUX A CINQ ANS, SANS PRÉJUDICE DE LA PEINE DE FAUX, SI L'ACTE PORTE LE CARACTÈRE DE CE CRIME. »

Il faut remarquer encore que l'autorisation écrite ou tacite accordée par le Conseil municipal ne s'oppose nullement à ce que le citoyen qui s'est immiscé dans le maniement des deniers communaux, *soit poursuivi*.

SECTION TROISIÈME.

Des formules.

§ 1ᵉʳ. — DES TAXES PARTICULIÈRES.

XIV. — Les taxes particulières dues par les habitants ou propriétaires, en vertu des lois et des usages locaux, sont réparties par délibérations du Conseil municipal, approuvées par le Préfet.

Ces taxes sont perçues suivant les formes établies pour le recouvrement des contributions publiques. (Loi du 18 juillet 1837, art. 44.)

Au nombre des taxes particulières objet de cet article, on compte les taxes : de curage des fossés, ruisseaux, fontaines et abreuvoirs; de pavage; de dépaissance; sur les biens communaux partagés; sur l'affouage; et celles relatives au service des troupeaux en commun.

§ 2. — FORME DES ÉTATS DE RÉPARTITION.

XV. — L'état de répartition de la taxe doit d'abord indiquer le chiffre des dépenses en principal, frais et accessoires, puis commencer ainsi :

Rôle des taxes dues par les habitants...... (*ou propriétaires*), pour les frais de......, réparties conformément à la délibération du Conseil municipal du...... approuvée par M. le Préfet, le......, d'après l'art. 44 de la loi du 18 juillet 1837.

N^os d'ordre.	NOMS et prénoms des débiteurs.	QUA- LITÉS.	DOMICILE.	SOMME due par chacun.	ÉMARGEMENT.

et se terminer ainsi : — Le présent État dressé et arrêté par nous, Maire de la commune de......, à la somme de......

A......, le...... 18...

§ 3 — DES RECETTES IMPRÉVUES OU FORTUITES.

XVI — Toutes les recettes municipales pour lesquelles les lois et réglements n'ont pas prescrit un mode spécial de recouvrement, s'effectuent sur des états dressés par le Maire. Ces états sont exécutoires après qu'ils ont été visés par le Sous-Préfet.

Les oppositions, lorsque la nature est de la compétence des tribunaux ordinaires, sont jugées comme affaires sommaires, et la Commune peut y défendre, sans autorisation du Conseil de Préfecture. (Art. 63 de la loi du 18 juillet 1837.

Nous croyons devoir faire observer que cet article ne fait pas double emploi avec l'article 44 de la loi précitée. Ici il s'agit de *toute espèce* de créance à recouvrer pour le compte des Communes et pour lesquelles la loi n'a pas établi, comme pour les taxes mentionnées en l'article 44, un mode spécial de recouvrement, et pour les créances au sujet desquelles la Commune n'a aucun titre, comme par exemple, la location des places sur les foires et marchés, les dons manuels, les souscriptions volontaires, etc. — Lorsque la créance est déjà constatée par un titre exécutoire, tel qu'un jugement ou un acte de notoriété, le Maire n'a pas à dresser l'état indiqué dans l'article précité; la poursuite se fait en vertu de l'acte même. (Circ. du 30 septembre 1837.)

§ 4. — Forme de l'état exécutoire a dresser.

XVII. — Les titres exécutoires dressés en vertu de l'art. 63 de la loi précitée, doivent être ainsi conçus :

État des sommes dues pour...... (*indiquer la nature de la dette*), en vertu de la loi du..... (*ou des lois des......*) (Rappeler la loi ou les réglements qui autorisent le prélèvement de la somme due).

Nos d'ordre.	NOMS et prénoms des débiteurs.	QUA- LITÉS.	DOMICILE.	SOMME due par chacun.	ÉMARGEMENT.

et se terminer ainsi : — Le présent état, s'élevant à la somme de......, dressé par nous, Maire de la commune de......, conformément à l'art. 63 de la loi du 18 juillet 1837.

A ....., le...... 18...

On verra au nº 146 de la nomenclature des actes et pièces assujettis au timbre et à l'enregistrement, ou exempts de cette formalité, que ce dernier état doit être rédigé sur timbre lorsqu'il est destiné à être rendu exécutoire par le Préfet; mais que lorsqu'il n'est joint au compte que pour ordre de la comptabilité, ce qu'il est indispensable de dire, il peut être rédigé sur papier libre.

§ 5. — DES CRÉDITS SUPPLÉMENTAIRES. — MODÈLE DE DÉLIBÉRATION.

XVIII. — Présents : MM......

Le Conseil municipal de la commune de......, réuni sous la présidence d......, en séance...... (*ordinaire ou extraordinaire*), en vertu de l'autorisation accordée le......

Le Maire expose au Conseil municipal que le Budget primitif de l'exercice 18.. (*et le Budget supplémentaire de......*) ne contiennent aucun crédit...... (ou ne contiennent qu'un crédit de......, inférieur à la dépense) pour...... (achat de......, ou réparations de......, ou fournitures de......, ou gratifications à...... l'agent-voyer, etc.), et qu'il convient d'ouvrir un article à ce sujet.

Le Conseil municipal, ouï l'exposé du Maire, vote sur les fonds disponibles en caisse, qui s'élevaient à...... fr., d'après la dernière situation trimestrielle fournie au Maire par le Receveur municipal, une somme de......, pour les causes ci-dessus énoncées.

Délibéré en séance, etc... ...

Toute délibération portant vote d'une dépense non

prévue aux Budgets, doit être rédigée dans les termes que nous venons de rapporter, si l'autorité municipale veut éviter les frais de timbre de l'expédition qui doit être délivrée au Receveur municipal.

S'il est besoin d'entrer dans quelques développements, ou quelques observations sur les motifs du vote, le Conseil municipal peut le faire en outre par une délibération *ad hoc.*

Nous rappelons ici que l'expédition de toute délibération délivrée sur papier libre, doit se terminer ainsi : Pour copie certifiée conforme délivrée administrativement à M. le Receveur municipal, et pour ordre de la comptabilité.

SECTION QUATRIÈME.

Adjudications publiques.

XIX. — Les marchés et adjudications publics à faire pour le compte des Communes, doivent être passés par les Maires, assistés de deux Membres du Conseil municipal, et le Receveur de la Commune doit y assister. Toutes les difficultés qui peuvent s'élever sur les opérations préparatoires de l'adjudication, sont résolues séance tenante, par le Maire et les deux Conseillers assistants, à la majorité des voix, sauf le recours de droit (Loi du 18 juillet 1837, art. 16)

Lorsque des adjudications sont passées aux chefs-lieux de Préfecture ou de Sous-Préfecture, dans l'intérêt des Communes, le Maire, deux Conseillers municipaux et le Receveur municipal doivent également y assister. (Inst. gén., art. 892.)

TITRE II.

EXTRAIT DES LOIS

SUR LE

TIMBRE ET L'ENREGISTREMENT

ET

NOMENCLATURE

Des Actes administratifs et Pièces diverses

ASSUJETTIS OU NON A CES FORMALITÉS.

EXTRAIT

DES LOIS

SUR

LE TIMBRE ET L'ENREGISTREMENT.

—————◦◦◦◦————

Timbre.

LOI DU **13 BRUMAIRE AN VII.** (3 novembre 1798.)

Art. 12. — Sont assujettis au droit de timbre établi en raison de la dimension, tous les papiers à employer pour les actes et écritures, soit publics, soit privés, savoir :

1° Les actes des autorités constituées administratives, qui sont assujettis à l'enregistrement, ou qui se délivrent aux citoyens, et toutes les expéditions et extraits des actes, arrêtés et délibérations desdites autorités, qui sont délivrés aux citoyens ;

Les pétitions et mémoires, *même en forme de lettres,* présentés au Directoire exécutif, aux Ministres, à toutes autorités constituées, ... et aux Administrations ou établissements publics ;

Et généralement tous actes et écritures, extraits, copies et expéditions, soit publics, soit privés, devant ou pouvant faire titre, ou être produits pour obligation, décharge, justification, demande ou défense ;

2° Les registres ...... des Administrations centrales et municipales, tenus pour objets qui leur sont particuliers, et n'ayant point de rapport à l'Administration générale, et les répertoires de leurs secrétaires ; ceux des Receveurs des droits et des revenus des Communes.

Art. 19. — Les . .... Secrétaires des Administrations, (*aujourd'hui les Maires*), ne pourront employer, pour les expéditions qu'ils délivreront des actes retenus en minutes, et de ceux déposés ou annexés, de papier timbré d'un format inférieur à celui appelé *moyen papier*, et dont le prix est fixé à 0,75 c. la feuille (*aujourd'hui 1 fr. 25 c.*)

Art. 20. — Les papiers employés à des expéditions ne pourront contenir, compensation faite d'une feuille à l'autre, savoir : plus de 25 lignes par page de moyen papier (1 fr. 25 c.); plus de 30 lignes par page de grand papier (1 fr. 50 c.), et plus de 35 lignes par page de grand registre (2 fr.).

Art. 21. — L'empreinte du timbre ne pourra être couverte d'écriture ni altérée.

Art. 22. — Le papier timbré qui aura été employé à un acte quelconque, ne pourra plus servir pour un autre acte, quand même le premier n'aurait pas été achevé.

Art. 23. — Il ne pourra être fait ni expédié deux actes à la suite l'un de l'autre sur la même feuille de papier timbré, nonobstant tout usage ou règlement contraire.

Sont exceptés ..... les ratifications des actes passés en l'absence des parties, les quittances de prix de ventes, et celles de remboursement de contrats de constitution ou obligation...

Art. 26. — Il est prononcé, par la présente, une amende, savoir : — (Voir l'art. 10 de la loi du 16 juin 1824) ;

.... 2° De 5 fr., pour contravention aux articles 20 et 21 par les Officiers et Fonctionnaires publics ;

3° de 5 fr., pour chaque acte ou écrit sous signature privée, fait sur papier non timbré, ou en contravention aux articles 22 et 23 ;

4° De 10 fr., pour contravention à l'art. 19 de la part des Officiers et Fonctionnaires publics y dénommés ;

5° De 20 fr., pour chaque acte public ou expédition, écrit sur papier non timbré, et pour contravention aux articles... 22, 23 ... par les Officiers et Fonctionnaires publics.

Enregistrement.

LOI DU 22 FRIMAIRE AN VII. (12 DÉCEMBRE 1798.)

Art. 20. — Les délais pour faire enregistrer les actes publics sont, savoir :

.... De *vingt jours*, pour les actes des administrations centrales et municipales assujettis à la formalité de l'enregistrement. (Voir plus loin, art. 44.)

Art. 26. — Les Greffiers (*aujourd'hui les Maires*) des Administrations municipales feront enregistrer les actes qu'ils sont tenus de soumettre à cette formalité, aux bureaux dans l'arrondissement desquels ils exercent leurs fonctions.

Art. 29. — Les droits des actes à enregistrer seront acquittés, savoir :

. .... Par les Secrétaires (*aujourd'hui les Maires*) des Administrations .... municipales, pour les actes de ces Administrations qui sont soumis à la formalité de l'enregistrement.

Art. 30. — Les Officiers publics qui, aux termes des dispositions précédentes, auraient fait, pour les parties, l'avance des droits d'enregistrement, pourront prendre exécutoire du Juge de Paix de leur canton, pour leur remboursement. — L'opposition qui serait formée contre cet exécutoire, ainsi que toutes les contestations qui s'éleveraient à cet égard, seront jugées conformément aux dispositions portées par l'art. 65 de la présente loi. (Voir plus loin.)

Art. 35 et 36 combinés. — Les Secrétaires (*aujourd'hui les Maires*) qui auront négligé de soumettre à l'enregistrement, dans le délai fixé, les actes qu'ils sont tenus de présenter à cette formalité, paieront personnellement, à titre d'amende et pour chaque contravention, une somme égale au montant du droit. — Ils acquitteront en même temps le droit, sauf leur recours, *pour ce droit seulement*, contre la partie.

Art. 41. — ...... Les Secrétaires (*aujourd'hui les Maires*) des Administrations municipales ne pourront délivrer en brevet, copie ou expédition, aucun acte soumis à l'enregistrement sur la minute ou l'original, ni faire aucun acte en conséquence, avant qu'il ait été enregistré, quand même le délai pour l'enregistrement ne serait pas encore expiré, à peine de 10 fr. d'amende, outre le paiement du droit.

Art. 42. — ..... Aucun Secrétaire (*aujourd'hui le Maire*) ou autre Officier public ne pourra faire ou rédiger un acte en vertu d'un acte sous signature privée, ou passé en pays étrangers, l'annexer à ses minutes, ni le recevoir en dépôt, ni en délivrer extrait, copie ou expédition, s'il n'a été préalablement enregistré, à peine de 10 fr. d'amende, et de répondre personnellement du droit.

Art. 44. — Il sera fait mention, dans toutes les expéditions des actes qui doivent être enregistrés sur la minute, de la quittance des droits, par une transcription littérale et entière de cette quittance. Pareille mention sera faite dans les minutes des actes publics, civils...... qui se feront en vertu d'actes sous-seing privé, ou passés en pays étrangers, et qui sont soumis à l'enregistrement par la présente.

Chaque contravention sera punie d'une amende de 5 fr.

Art. 46. — Dans le cas de fausse mention d'enregistrement, soit dans une minute, soit dans une expédition, le délinquant sera poursuivi par la partie publique, sur la dénonciation du préposé de la régie, et condamné aux peines prononcées pour le faux.

Art. 47. — Il est défendu aux......... administrations centrales et municipales, de prendre aucun arrêté, en faveur de particuliers, sur des actes non enregistrés, à peine d'être personnellement responsables des droits.

Art. 49. — Les...... Secrétaires (*aujourd'hui les Maires*) des Administrations....... municipales tiendront des répertoires à colonnes sur lesquels ils inscriront, jour par jour, sans blanc ni interligne, et par ordre de numéros, tous les actes des administrations qui doivent être enregistrés sur les minutes, à peine d'une amende de 5 fr. pour chaque omission.

Art. 50. — Chaque article du répertoire contiendra : 1º son numéro ; 2º la date de l'acte ; 3º sa nature ; 4º les noms et prénoms des parties et leur domicile ; 5º l'indication des biens, leur situation et le prix, lorsqu'il s'agira d'actes qui auront pour objet la propriété, l'usufruit ou la jouissance de biens fonds ; 6º la relation de l'enregistrement.

Art. 51. — Les...... Secrétaires (*aujourd'hui les Maires*) des Administrations municipales, présenteront tous les trois mois, leurs répertoires aux Receveurs de l'enregistrement de leur résidence, qui les viseront, et qui énonceront dans leur visa le nombre des actes inscrits. Cette présentation aura lieu, chaque année, dans la première décade de chacun des mois de nivôse, germinal, messidor et vendémiaire (c'est-à-dire dans les dix premiers jours de janvier, avril, juillet et octobre), sous peine d'une amende de 10 fr. pour chaque décade (dix jours) de retard (*).

Art. 52. — Indépendamment de la représentation ordonnée par l'article précédent, les Secrétaires (*aujourd'hui les Maires*) seront tenus de communiquer leurs répertoires à toute réquisition, aux préposés de l'enregistrement qui se présenteront chez eux pour les vérifier, à peine d'une amende de 50 fr. en cas de refus.

Le préposé, dans ce cas, requerra l'assistance d'un Officier municipal du lieu, pour dresser, en sa présence, procès-verbal du refus qui lui aura été fait.

Art. 55. — Les notices des actes de décès, qui, aux termes de l'article 5 de la loi du 13 fructidor an vi, relative à la célébration des décadis, doivent être remises, pour chaque décade, au chef-lieu du canton, par les Officiers publics ou les agents des communes faisant fonctions d'Officiers publics, seront transcrites sur un registre particulier tenu par les Secrétaires des administrations municipales (*aujourd'hui les Maires*). — Ces Secrétaires fourniront, par trimestre, aux Receveurs de l'enregistrement de l'arrondissement, les relevés, par eux certifiés, desdits actes de décès. Ils seront délivrés sur papier non timbré, et remis dans les mois de janvier, avril, juillet et octobre, à peine d'une amende de 30 fr. (amende unique), pour chaque mois de retard. Ils en retireront *récépissé* aussi sur papier non timbré (*).

Art. 65. — L'introduction et l'instruction des instances (*relativement aux difficultés qui pourront s'élever au sujet*

(*) Cette amende a été réduite à une somme de 10 fr., quel que soit le retard, par la loi du 16 juin 1824, art. 10.

de la perception des droits d'enregistrement, voir plus haut art. 30.) auront lieu devant les tribunaux civils de département : la connaissance et la décision en sont interdites à toutes autres autorités constituées administratives.

L'instruction se fera par simples mémoires respectivement signifiés.

Il n'y aura d'autres frais à supporter pour la partie qui succombera, que ceux du papier timbré, des significations et du droit d'enregistrement des jugements.

Les tribunaux accorderont, soit aux parties, soit aux préposés de la régie qui suivront les instances, le délai qu'ils leur demanderont pour produire leurs défenses : il ne pourra néanmoins être de plus de trois décades.

Les jugements seront rendus dans les trois mois, au plus tard, à compter de l'introduction des instances, sur le rapport d'un Juge, fait en audience publique, et sur les conclusions du Commissaire du Directoire exécutif : ils seront sans appel, et ne pourront être attaqués que par voie de cassation.

Timbre et Enregistrement.

LOI DU 15 MAI 1818.

Art. 78. — Demeurent assujettis au timbre et à l'enregistrement sur la minute, dans le délai de vingt jours, conformément aux lois existantes : 1º les actes des autorités administratives et des établissements publics, portant transmission de propriété, d'usufruit ou de jouissance ; les adjudications ou marchés de toute nature, aux enchères, au rabais ou sur soumissions ; 2º les cautionnements relatifs à ces actes.

Art. 79. — La disposition de l'article 37 de la loi du 22 frimaire an VII, qui autorise, pour les adjudications en

séance publique seulement, la remise d'un extrait au Receveur de l'enregistrement pour la décharge du Secrétaire
(*aujourd'hui le Maire*), lorsque les parties n'ont pas consi-
gné les droits en ses mains, est étendue aux autres actes
ci-dessus énoncés.

Art. 80. — Tous les actes, arrêtés et décisions des autorités administratives, non dénommés dans l'article 78, sont
exempts du timbre sur la minute, et de l'enregistrement,
tant sur la minute que sur l'expédition. Toutefois, aucune
expédition ne pourra être délivrée aux parties que sur papier
timbré, si ce n'est à des individus indigents, et à la charge
d'en faire mention dans l'expédition.

Art. 82. — Les seuls actes dont il devra être tenu répertoire sur papier timbré dans les Préfectures, Sous-Préfectures
et Mairies, et dont les préposés pourront demander communication, sont ceux désignés dans l'article 78 de la présente loi.

DES ACTES ET PIÈCES

assujettis ou non

AU TIMBRE ET A L'ENREGISTREMENT.

————————

1. ABONNEMENT. — Journaux. — Les quittances d'abonnements aux journaux payés par les communes ou établissements publics. (Décision ministérielle du 10 septembre 1830; instruction générale 454 et 1391, 2e partie.) ci . . . . (*As.*)
(*Voir* n° 279.)

2. ACTE. — Minute. — *Timbre.* — On ne peut rédiger deux actes sur la même feuille de papier timbré, sauf les exceptions prononcées par l'article 23 de la loi du 13 brumaire an VII. (Article 26 de la loi du 16 juin 1824.)

3. ACTE ADMINISTRATIF. — Nature. — *Timbre.* — La minute des actes administratifs portant transmission de propriété, d'usufruit ou de jouissance, les adjudications ou marchés aux enchères, aux rabais ou sur soumissions, et les cautionnements relatifs à ces actes, c'est-à-dire *de tous les actes dans lesquels les tiers concourent avec les communes* ou les établissements publics. (Loi du 15 mai 1818, art. 78; inst. 454, 1210, § 14 et 1205.).. (*As.*)

Tous les actes de l'espèce sont en outre sujets à l'enregistrement dans les délais ordinaires (vingt jours après leur approbation ou la date de la réception à la mairie, duement constatée, en ce qui concerne les actes passés par les maires, et vingt jours après leur date en ce qui concerne ceux passés par l'autorité supérieure). (Art. 20 de la loi du 22 frimaire an VII.)

4. ACTE PUREMENT ADMINISTRATIF. — ACTE D'ADMINISTRATION INTÉRIEURE. — Les minutes des actes administratifs autres que ceux désignés dans l'article 3, c'est-à-dire de tous les actes, y compris les délibérations, dans lesquels les tiers *ne concourent pas* avec les communes ou établissements publics; en d'autres termes, les minutes de *tous les actes faits pour l'administration générale, l'exécution des lois et l'intérêt de l'État*............. (*Ex.*)

Ces actes sont en outre exempts de l'enregistrement.

(Loi du 15 mai 1818, art. 80; inst. 454, 1205, § 15, et 1210, § 14.)

5. ACTES DE L'ÉTAT CIVIL. — REGISTRES. — *Tables.* — Les registres pour la tenue des actes de l'état civil et les tables annuelles doivent être composés de papier timbré. (Lois des 20 septembre et 19 décembre 1792, et par induction, loi du 13 brumaire an VII, art. 12, dernier alinéa du n° 1; circul. 2051; inst. gén. 377, § 2.)....... (*As.*)

D'après une décision ministérielle du 15 mars 1808, les

tables doivent être rédigées sur du papier de la dimension des registres. . . . . *(As.)*

(*Voir* ensuite au n° 148 et suivants, ou au mot *Expéditions ;* et n° 14, *Publications de mariage.)*

6. ADJUDICATIONS. — Minutes. — Les procès-verbaux des ventes de coupes de bois des communes peuvent *être visés* pour timbre en débet, mais sous la condition que les droits de timbre seront acquittés en même temps que ceux de l'enregistrement. (Déc. min. du 28 janvier 1832, Inst. gén. 1401, § 10.). . . . . *(As.)*

(*Voir,* pour les adjudications d'autres produits, n° 3.)

7. AFFICHES. — Autorité supérieure. — *Instructions générales.* — Les affiches apposées par ordre de l'autorité publique pour l'intérêt général, l'exécution des règlements de police, etc., sont seules imprimées sur papier blanc. (Lois des 22 juillet 1791 et 28 avril 1816.). . . . . *(Ex.)*

8. AFFICHES. — Autorité municipale. — *Fêtes.* — Les affiches annonçant les foires et fêtes patronales. (Déc. min. du 28 mai 1819.). . . . . *(Ex.)*

9. AFFICHES. — Publications générales. — Les affiches annonçant des adjudications, baux, marchés, etc., toutes celles enfin qui ont pour objet un intérêt privé ou particulier de la commune ou des établissements publics, imprimées, lithographiées, ou à la brosse, ou manuscrites, *quoique non signées,* apposées dans l'intérêt des communes ou des établissements publics. (Inst. gén. 1205, § 15 ; déc. min. du 24 novembre 1826.). . . . . *(As.)*

10. AFFICHES MANUSCRITES. — Intérêt privé.

— Ces affiches doivent être sur papier de couleur frappé du timbre extraordinaire avant l'impression ou la rédaction, c'est-à-dire avant tout usage. (Art. 76 de la loi du 15 mai 1818.) S'il y a plusieurs feuilles collées ensemble, chacune d'elles doit être timbrée suivant sa dimension...... (*As.*)

11. AFFICHES MANUSCRITES. — INTÉRÊT COMMUNAL OU PRIVÉ. — Les affiches *manuscrites* apposées dans l'intérêt *des communes ou des établissements publics*, pour annoncer une location ou un genre d'industrie ou de commerce, ou la vente de la maison même où l'affiche est apposée. (Jugem., — Seine, — 12 mars 1834 ; circ. 1124 ; inst. 326, et déc. min. 7 décembre 1813, journ. 4788.) ci... (*Ex.*)

12. AFFICHES. — INTÉRÊT DÉPARTEMENTAL. — Les affiches apposées dans l'intérêt d'un arrondissement ou d'un département pour travaux concernant les routes départementales. (Inst. 1543, § 19 ; et déc. min. du 15 janvier 1845.) ci........... .... (*Ex.*)

13. AFFICHES. — ÉLECTIONS GÉNÉRALES. — (*Voir Élections*, n° 125.)

14. AFFICHES. — PUBLICATIONS DE MARIAGE. — Les affiches pour publications de mariage doivent être sur papier timbré ; elles peuvent être sur du papier de toute dimension, mais il est d'usage de se servir d'une feuille de 35 centimes. chaque publication doit être sur une feuille distincte. (Déc. du ministre des finances du 16 septembre 1807.) Mais il y a une exception en faveur des indigents : les affiches qui les concernent doivent être faites sur papier libre. (Art. 8 de la loi du 3 juillet 1846.)

15. AFFOUAGE. — Coupes. — Les quittances du prix des coupes. (Déc. min. du 10 septembre 1830 ; inst. 1391.).................... (*As.*)

16. AFFOUAGE. — Vingtième des coupes. — Les quittances au-dessus de dix francs délivrées par les receveurs des domaines aux receveurs municipaux, pour le vingtième du produit principal des bois des communes et établissements publics. (Lois des 25 juin 1841 et 19 juillet 1845, journ. 13240 ; solution du 15 avril 1843, et inst. 1653 et 1738.).. .... (*As.*)

17. AFFOUAGE. — Taxe. — Les quittances des taxes imposées sur l'affouage excédant dix francs.........(*As.*)

18. AFFOUAGE. — Exploitation. — Les permis d'exploiter délivrés aux communes dans leurs bois. (Inst. 1187, § 11.)..................... (*Ex.*)

19. AGENTS et employés. — (*Voir Employés*, nos 126 et suivants.)

20. ALIÉNÉS. — Pension. — Les quittances de sommes payées par une commune à un hôpital d'aliénés, pour pension des *aliénés indigents*, ainsi que les états de décompte de la pension à produire pour l'admission de la dépense dans les comptes du receveur municipal. (Déc. min. du 18 octobre 1838 ; inst. gén. 1577, § 26.)........ (*Ex.*)

21. ALIÉNÉS. — Pension. — Les états de décompte et les quittances des pensions dues par les départements pour les indigents placés dans des asiles publics ou dans les établissements particuliers d'aliénés ; les quittances et les décomptes de prix de journées dues par le département

ou dépôt de mendicité pour les indigents conduits dans ces établissements par suite de condamnation judiciaire ou admis par ordre du Préfet. (Inst. gén. 1767, § 14.)

22. AMENDES POUR CONTRAVENTIONS. — Responsabilité. — Les Receveurs communaux ou des établissements publics sont responsables du paiement des droits et amendes de timbre, *sauf leur recours quant au droit de timbre seulement,* contre les parties qui auraient dû les supporter comme débiteurs, aux termes de l'art. 1248 du code civil, outre la solidarité établie par l'art. 75 de la loi du 28 avril 1816. (Déc. min. des 24 mai 1819, et 16 février 1835; journal 11212; recueil 4762.)

23. AMENDES DÉVOLUES AUX COMMUNES ET AUX ÉTABLISSEMENTS PUBLICS. — Les mandats délivrés par les Préfets, ainsi que les quittances à souche remises au Receveur de l'enregistrement. (Déc. min. du 18 février 1822; inst. gén. 1307, § 15.)............ (*Ex.*)

24. AMPLIATION. — Ordonnances royales, décrets, arrêtés ministériels. — (*Voir* 156.)

25. ARRÊTÉS. — Copies ou expéditions. — (*Voir* n°s 148 et les suivants.)

26. ARRÊTÉS. — Comptabilité. — *Cour des comptes.* — Les arrêtés rendus par la Cour des comptes ou par les Conseils de préfecture sur un compte du Receveur des deniers communaux ou des établissements publics. (Inst. gén, 1236, § 10.)................................. (*Ex.*)

27. ARRÊTÉS. — Copies. — *Cour des comptes.* — L'expédition d'un arrêté rendu par une de ces deux autorités, réclamée par le comptable. (Déc. min. 5 octobre 1824; inst. gén. 1099.)........................... .... (*As.*)

L'expédition délivrée par l'autorité supérieure pourra être notifiée administrativement. (Déc. 5 octobre 1824; inst. gén. 1099.)...... .... (*Ex.*)

28. ARRÊTÉS. — CONSEIL DE PRÉFECTURE. — *Inscription*. — L'expédition de l'arrêté du Conseil de préfecture autorisant à radier une inscription hypothécaire prise au profit d'un établissement public. (Inst. 1236, § 1er.). (*As.*)

L'expédition de l'arrêté du Préfet qui autorise égalément la radiation d'une inscription prise au profit d'une commune. (Par analogie à l'article précédent)................ (*As.*)

29. ATELIER DE CHARITÉ. -- PAIEMENT DE TRAVAUX. — Les pièces relatives au paiement de travaux de charité, sans entrepreneur ni fournisseur qui puisse en retirer un bénéfice. (Déc. min. du 9 octobre 1835.)... (*Ex.*)

30. AVANCES. — Les états de remboursements d'avances faites par les entrepreneurs de travaux et autres, *lorsqu'ils n'y joignent aucun bénéfice*, ce qui doit être indiqué. (Inst. 1391.)........ .... (*Ex.*)

31. ARRÊTÉS. — PRÉFET. — *Capitaux, Remboursement*. — L'expédition de l'arrêté du Préfet, portant liquidation de capitaux de rentes à rembourser aux communes et autorisation de recevoir des remboursements de rentes. (Ins. gén. 605.)................................ (*Ex.*)

32. ARRÊTÉS. — Mais si la quittance est passée devant notaire, l'expédition de l'arrêté d'autorisation est.... (*As.*)

33. ASSURANCES. — PRIMES. — Les quittances pour

paiement de primes d'assurance contre l'incendie. (Inst. 1391.) . . . . *(As.)*

34. BALAYAGE. — Les quittances des sommes payées pour le balayage des rues, quais et places, même à titre de traitement. (Inst. 1099, § 1er.). . . . . *(As.)*

35. BESTIAUX. — Taxe. — Les quittances de taxes sur les bestiaux mis à la pâture commune. (Loi du 13 brumaire an VII; déc. min. du 30 décembre 1831. . . . . . . *(As.)*

36. BESTIAUX. — Visite. — Les quittances de salaires pour visites des bestiaux amenés aux foires et marchés, si elles sont au-dessus de 10 fr. et si les surveillants ne reçoivent pas un traitement de moins de 300 fr. . . . *(As.)*

37. BIENS COMMUNAUX. — Terrains usurpés. — (*Voir Soumissions* n° 345.)

38. BOIS COMMUNAUX ET D'ÉTABLISSEMENTS PUBLICS. — Délimitation. — Les frais de délimitation et d'aménagement des bois des Communes et des Établissements publics, constituent des dépenses extraordinaires à la charge particulière de ces Communes ou Établissements, et aux quelles ne s'applique pas le produit de l'impôt annuellement voté en exécution de l'art. 106 du code forestier. Les actes y relatifs sont assujettis au timbre et à l'enregistrement. (Inst. 1598). . . . . *(As)*.

Les demandes des Communes et Établissements publics, ayant pour objet la jouissance de leurs bois et les attributions de l'Administration des forêts sont aux termes des art. 106 et 107 du code forestier, et d'une décision du Ministre des finances du 12 juin 1850. (Journ. 14,964 — 6.) . . . . *(Ex.)*

39. BOURSES. — Établissements d'instruction. — *Paiements.* — Les mandats des sommes payées par l'État ou les Communes aux Lycées, Séminaires et Écoles normales, si l'état des dépenses est quittancé et timbré.... ... (*Ex.*)

40. BOURSES. — États nominatifs. — Les États nominatifs des boursiers soit qu'ils portent quittance ou non. (Inst. 1391.)........................... ....(*As.*)

41. BREVETS. — Les brevets ou commissions de tous Agents ou Surnuméraires sujets au serment........ (*As*).

42. BUREAUX DE BIENFAISANCE. — Subventions. — Les quittances de subventions ou secours donnés par les Communes. (Inst. 1391, nº 9.)..............(*Ex.*)

43. BUREAUX DE BIENFAISANCE. — Comptes. — *Pièces annexes.* — Les pièces relatives aux dépenses, telles que marchés, factures, mémoires, mandats, comptes, etc., signés par les marchands ou fournisseurs. (Inst. 1180, § 9.)....................................(*As.*)

Le montant des sommes dues pour frais de bureaux, *s'il n'excède pas 10 fr.,* pourra être inséré dans le corps du mandat. — Dans ce cas il est exempt du timbre. (Inst. 1481, § 17)............................(*Ex.*)

(*Voir* au surplus tout ce qui concerne la comptabilité des Communes, aux différents mots sous lesquels ils sont portés.)

44. CAHIER DES CHARGES. — La minute du cahier des charges relatives aux travaux et fournitures dans l'intérêt des Communes ou Établissements publics, peut être écrite sur papier libre, mais elle doit être timbrée et enregistrée dès

3

qu'il y a eu approbation, et, dans tous les cas, avant l'adjudication. . . . . *(As.)*

Le cahier de charges rédigé administrativement. (Inst.
1401, § 10.). . . . .*(Ex.)*

Mais la copie de ce cahier de charges qui est annexée au
contrat de vente, au procès-verbal d'adjudication faisant
alors titre. (Même instruction.). . . . . *(As.)*

Si la minute du cahier des charges est placée en tête du
procès-verbal d'adjudication. (Solution du 30 avril 1833.)
ci. . . . . *(As.)*

45. CAISSES D'ÉPARGNE. — Les quittances de dé-
pôts ou de retirements de fonds. . . . . *(Ex.)*

Si la partie ne sait pas signer et qu'elle donne une quittance notariée. (Inst. 1490, § 11.). . . . .*(As.)*

46. CANTONNIERS. — Les quittances données par des
cantonniers pour leur traitement annuel, excédant 300 fr. *(As.)*

Si le traitement annuel est au-dessous de 300 fr. (Déc.
min. du 18 décembre 1843, inst. 1700.). . . . . *(Ex.)*

47. CENTIMES COMMUNAUX. — Les quittances des
Receveurs municipaux pour paiements faits à des Compta-
bles publics. . . . . *(Ex.)*

48. CERTIFICATS. — Tout certificat délivré dans un
intérêt privé. . . . .*(As.)*

49. CERTIFICATS DE VIE. — Les certificats de vie
délivrés à des pensionnaires non indigents. (Inst. 1231, § 3;
1391; 1401, § 9.). . . . . *(As.)*

50. CERTIFICATS DE VIE. — Les certificats de vie
des pensionnaires indigents dont l'état est attesté dans ces

actes, ou si, étant délivrés par des Notaires, ils sont accompagnés d'un certificat d'indigence. (Inst. 1231, § 3, à 1401, § 9.) . . . . (*Ex.*)

51. CERTIFICATS DE VIE. — Enfants trouvés. — Les certificats de vie des enfants trouvés, produits à l'appui des mandats de paiement des sommes dues aux nourriciers. (Inst. 1401, § 9.) . . . . (*Ex.*)

52. CERTIFICATS D'INDIGENCE. — Les certificats d'indigence. (Art. 16 de la loi du 13 brumaire an vii.) (*Ex.*)

53. CERTIFICATS D'EXERCICE. — Instruction primaire. Les certificats délivrés aux Instituteurs par le Comité d'instruction ou par le Maire, pour toucher leur traitement. (Délibération du 5 septembre 1837, J. E., n° 11904.) . . . . (*Ex.*)

54. CERTIFICATS. — Travaux. — *Surveillance.* — Les certificats pour paiement délivrés par les Ingénieurs des ponts et chaussées, et autres Agents, chargés de l'exécution et de la surveillance des *travaux publics*, ayant seulement pour objet de constater le droit au paiement. (Inst. gén. 1391 ; déc. min., 18 juillet 1829, journal 9345.) (*Ex.*)

55. CERTIFICATS. — Travaux. — *Achèvements.* — Les certificats, rapports, faits ou délivrés par les Préfets, Administrateurs ou Préposés à la surveillance *des dépenses*, pour constater la situation, l'achèvement ou la réception des ouvrages ou fournitures. (Déc. min. du 5 novembre 1836, et solution 19 juillet 1842, journal 12031.).. (*Ex.*)

Les mêmes certificats délivrés par d'autres personnes que celles préposées à la surveillance des dépenses. (Ins. 1391) (*As.*)

56. CERTIFICATS. — Entrepreneurs. — *Capacité.* — Les certificats de capacité délivrés aux Entrepreneurs concourant pour travaux ou fournitures. (Inst. 1391.)... (*As.*)

57. CERTIFICATS. — Chevaux. — *Haras.* — Les certificats de remise de chevaux et autres animaux achetés pour le service des haras, dépôts d'étalons et bergeries, délivrés aux vendeurs par les Chefs et Directeurs de ces établissements. (Déc. min., 5 novembre 1836, solution, 19 juillet 1842.)................................ (*As.*)

58. CERTIFICATS. — Service militaire. — Les certificats délivrés pour engagement volontaire au service militaire, à la charge de mentionner cette destination... (*Ex.*)

59. CERTIFICATS. — Les certificats délivrés aux jeunes gens qui désirent remplacer. (Inst. min. du 24 septembre 1835, inst. 1504, § 12.)........................ (*As.*)

Les certificats d'exemption ou de libération du service militaire sont soumis au timbre. (Déc. min. du 4 décembre 1847, journal Enregistrement, n° 14929, § 10.)........... (*As.*)

60. CERTIFICATS. — Service militaire. — Les certificats délivrés pour établir les registres matricules du corps. (Déc. min. du 17 décembre 1819.)................(*Ex.*)

61. CERTIFICATS. — Loups. — Les certificats délivrés pour constater la destruction des loups. (Solution du 17 avril 1840.)...............................(*As.*)

62. CERTIFICATS. — État civil. — Les certificats délivrés par les officiers de l'état civil, qui doivent être présentés aux ministres des cultes pour mariages. (Déc. min., 27 avril 1839, (J. E., 12524.)............(*As.*)

A l'exception toutefois de ceux délivrés à des indigents. (Art. 8 de la loi du 3 juillet 1846 ; déc. min. du 30 mai 1849, journ. E., 14752.)......................*(Ex.)*

63. CERTIFICATS. — Sapeurs-pompiers. — Les certificats d'assistances aux manœuvres destinés à être produits à l'appui des mandats de gratifications accordés aux sapeurs-pompiers. (Déc. min., 21 décembre 1830.).........*(Ex.)*

64. CERTIFICATS. — Notoriété. — Tous les certificats délivrés pour notoriété....................*(As.)*

65. CIMETIÈRES. — Concessions. — (*Voir* n° 215.)

66. CHASSE. — (*Voir Permis*, n° 260.)

67. CHEMINS. — Mémoires. — Les mémoires et états de travaux, et les mandats de paiement délivrés aux entrepreneurs. (Déc. min. du 14 décembre 1827, rec. 2014 et journ. E., 8896.) ....*(As.)*

68. CHEMINS. — Indigents. — Les quittances des indigents employés sans entrepreneurs ni fournisseurs, mais lorsque l'indigence est attestée par le Maire. (Dec. min., 9 octobre 1835 ; inst. 1513, § 12 ; inst. 1132, § 16.). *(Ex.)*

69. CHEMINS.— Ateliers de charité.— Les quittances de secours pour réparations de chemins au moyen d'ateliers de charité, lorsqu'il n'y a ni fournisseur ni entrepreneur, les états de journées et quittances données par les indigents. *(Ex.)*

70. CHEMINS. — Secours. — Les quittances de secours accordés aux communes par l'État ou le département, même avec emploi d'indigents. (Déc. min. du 9 octobre 1835 ; inst. 1513, § 12.). ....*(As.)*

71. CHEMINS. — Matériaux. — Les quittances de matériaux fournis ou livrés................ ....(*As.*)

72. CHEMINS. — Surveillance. — Les quittances au-dessus de dix francs données par les surveillants de travaux ou prestations sur les chemins vicinaux. (Journ. **E**, 13077.)..(*As.*)

73. CHEMINS. — Situation ou réception. — Les certificats délivrés par les gens de l'art non préposés à la surveillance des dépenses, pour constater l'avancement, la situation ou la réception des travaux faits dans l'intérêt des communes ou établissements publics. (Journ. **E.**, 13034.) ci.....................................(*As.*)

74. CHEMINS. — Situation, réception. — Les certificats délivrés pour la même cause par les agents-voyers, pour travaux sur les chemins vicinaux..............(*As*)

75. CHEMINS. — Arrêtés. — L'expédition des arrêtés autorisant l'acquisition ou l'aliénation de terrains. (Déc. min. du 24 février 1837.).....................(*As.*)

76. CHEMINS. — Prestations. — Les quittances de prestations en nature ou en argent. (Inst. 1391.).... (*Ex.*)

77. CHEMINS. — Cantonniers. — Les quittances des cantonniers des chemins vicinaux de grande communication sont passibles du timbre lorsque les traitements excèdent 300 francs. (Déc. min. du 18 décembre 1843 ; inst. 1700.) (*Voir 46.*).............................(*As.*)

78. CHEMINS. — Frais de poursuites. — Les quittances pour remboursement des frais de poursuites dont les Receveurs municipaux ont fait l'avance en matière de contributions relatives aux chemins vicinaux. (Déc. min. 27 octobre 1837.).........................(*Ex.*)

79. CHEMINÉES. — Préposés. — *Surveillance.* — Les quittances des Agents ou préposés à la surveillance du ramonage, lorsqu'ils sont salariés à l'année et qu'ils reçoivent plus de 300 fr. (Déc. min., 17 octobre 1809; Inst. 454.)............................(*As.*)

80. CHEMINÉES. — Agents temporaires. — Les quittances délivrées par des citoyens préposés à la surveillance du ramonage, non salariés à l'année, lorsque la somme excède 10 fr......................(*As.*)

81. CHEMINÉES. — Ramonage. — Les quittances des ramoneurs, lorsqu'ils ne sont pas rétribués à l'année à titre d'abonnement, et qu'elles excèdent 10 fr. (Déc. min. du 17 octobre 1809 : inst. 454.).................(*As.*)

82. CHOLÉRA. — Dépenses. — Les états, mémoires, mandats, quittances, et généralement toutes les pièces remises aux Receveurs municipaux et produites par eux pour justifier de l'emploi des sommes accordées à titre de secours aux indigents, atteints du choléra-morbus, pourvu que l'origine de la dépense y soit rappelée. (Déc. min. du 23 août 1832; journ. 10437; et solution, 10 novembre 1836; déc. min. du 23 octobre 1832.)...........(*Ex.*)

83. CLOCHES. — Frais de sonnerie. — Les quittances données pour la sonnerie civile, *au dessus de 10 fr.*, même à titre de traitement. (Déc. min. du 16 février-avril 1835; art. 11212, J. E.)...............(*As.*)

84. COLLÉGES. — Comptabilité. — Les registres de recette et de dépense, mémoires, quittances, au-dessus de 10 fr. (Inst. 1187, § 16.)..................... *(As.)*

85. COLLÉGES. — Employés. — Les quittances de paiement aux Colléges à raison de bourses. (Inst. 454.) ci... *(As.)*

86. COMMISSIONS. — Agents. — Les commissions de tous Agents ou surnuméraires sujets au serment... *(As.)*

87. COMPTES. — Cahier. — *Double expédition.* — Le double du compte des recettes et dépenses des Communes et des Établissements publics qui est destiné au Receveur est seul assujetti au timbre. (Art. 1er et 12 de la loi du 13 brumaire an VII.)... *(As.)*

D'après l'instruction 1180, § 9, ce double peut-être visé pour timbre dans un chef-lieu de Sous-Préfecture. ci... *(As.)*

Lorsque les cadres des comptes communaux sont imprimés de manière à présenter une feuille d'enveloppe et, à la fin une demi-feuille blanche, la feuille d'enveloppe, comme ne faisant point partie intégrante du compte et n'étant destinée à aucune écriture, est exempte de la formalité...... *(Ex.)*

Mais il n'en est pas de même de la demi-feuille, si elle fait partie intégrante d'une feuille employée partiellement (Déc. min.; finances, 30 août 1826; inst. 1204, § 10.) ci... *(As.)*

88. COMPTES. — Expéditions. — Lorsqu'il s'élève des débats et que le Receveur demande qu'il lui soit remis une expédition du compte, elle doit être sur papier timbré. (Déc. min.; finances, 17 octobre 1809; inst. 454.)... (*As.*)

89. CONTRIBUTIONS. — Quittances. — Les quittances pour contributions directes ou extraordinaires. (Déc. min. du 1er mai 1822.... .... (*Ex.*)

90. COUPES. — Remises. — *Receveurs généraux.* — Les quittances des remises allouées aux Receveurs généraux sur le produit des coupes extraordinaires des biens communaux. (Déc. min. du 8 janvier 1838; journ. 8920.). (*Ex.*)

91. CULTE CATHOLIQUE. — Curés, Desservants, Vicaires. — Les quittances de supplément de traitement payé par la fabrique ou la commune, quand, *réuni* au traitement, il excède 300 fr. par an. (Inst. 1577, § 25.). (*As.*)

92. CULTE CATHOLIQUE. — Curés, Desservants, Vicaires. — Les quittances de sommes payées *sur les fonds communaux* à titre de secours ou supplément de traitement lorsque, réunies au traitement communal, elles excèdent 300 fr.; le traitement fait sur les fonds du trésor n'est jamais ajouté pour compléter les 300 fr. (Même instruction.). (*As.*)

93. CULTE CATHOLIQUE. — Curés, Desservants, Vicaires. — Les quittances pour traitement payé par la commune, lorsque indépendamment de tout secours, le traitement communal s'élève à plus de 300 fr. (Inst. 1577, § 25); ci...... .... (*As.*)

94. CULTE CATHOLIQUE — Curés, Desservants, Vicaires. — Les quittances pour indemnité de logement ou remboursement de loyer de maison ou de jardin, lorsque la

somme excède 10 fr. (Déc. min. du 16 février 1835 ; inst. 1132, § 16.). . ... (*As.*)

95. CULTE PROTESTANT. — Tout ce qui vient d'être dit aux articles 91, 92, 93 et 94, s'applique aux ministres protestants.

96. CURÉS. — (*Voir* n°s 91, 92, 93 et 94.)

97. DÉCOMPTES. — Les états de décomptes d'intérêts de fonds placés au trésor................ .... (*Ex.*).

Les décomptes dressés pour servir au mandatement des remises sont dispensés du timbre comme pièces d'ordre. (Déc. fin. du 4 février 1843.)................ ..... (*Ex.*)

Mais si ces décomptes signés par le Maire et le Receveur municipal sont produits, sans mandat quittancé, à l'appui de la dépense, le droit de timbre de 35^c doit être acquitté préalablement à tout enregistrement en dépense, si les remises annuelles sont supérieures à 300 fr., parce que le décompte signé tient lieu de quittance... .... (*As.*)

98. DÉCHARGES· — Sommes irrécouvrables. — Les décisions des autorités qui déclarent que des sommes dues à une commune ou à un établissement public sont irrécouvrables lorsqu'elles ont été provoquées par la commune ou par l'établissement public, ou par le Receveur pour mettre sa responsabilité à couvert. (Déc. min. du 17 octobre 1809 ; Inst. 454, § 9.)................ .... (*Ex.*)

99. DÉBITEURS INSOLVABLES. — (*Voir* n° 98 ci-dessus.)

100. DÉCISIONS. — Créances. — (*Voir* le n° 98 ci-dessus.)

101. DÉCISIONS. — Approbation. — Toutes les décisions administratives pour *l'approbation* du paiement ou de
la répartition des dépenses dûment autorisées. (Inst. 454. (*Ex.*)

Les décisions des autorités qui déclarent que des sommes
dues à une commune sont irrécouvrables sont dispensées du
timbre, lorsquelles ont été rendues sur la demande du Receveur municipal. (Inst. 454.) (*Voir* n° 98.). .... (*Ex.*)

102. DÉCLARATIONS — Biens communaux usurpés.
— (*Voir* Soumissions, n° 345.)

103. DESSERVANTS. — (*Voir* Culte catholique, n° 91
à 94.)

104. DÉLIBÉRATIONS. — Copies. — (*Voir* n⁰ˢ 148
et suivants.)

105. DÉCRETS. — Expéditions. — (*Voir* n⁰ˢ 148 et
suivants.)

106. DÉPOT DE MENDICITÉ. — (*Voir* n⁰ˢ 20 et 21.

107. DESSÉCHEMENTS. — Marais. — (*Voir* Rôles,
n° 332 et suivants.)

108. DÉTAIL ESTIMATIF. — (*Voir* n⁰ˢ 109, 110 et
111.)

109. DEVIS. — Les devis des travaux des routes et des
bâtiments, enfin de toutes entreprises ou fournitures pour
le compte du Département ou des communes, dressés, soit
par des Ingénieurs des ponts et chaussées, soit par des experts désignés par l'autorité locale, ou par tout autre homme
de l'art, et dûment approuvés. (Inst. 1187, § 2 et 15; 1391;
et déc. min. des 25 octobre 1822 et 5 septembre 1827). (*As.*)

L'autorité qui procède à l'adjudication ou qui rédige un traité particulier doit avoir soin de faire *timbrer* ou *viser pour timbre* et enregistrer les devis avant de passer outre. (Art. 41 et 42 de la loi du 22 frimaire an VII.)

110. DEVIS. — DÉTAIL ESTIMATIF. — Le détail estimatif des travaux, préparé par un homme de l'art ou par les agens de l'administration communale, préalablement au devis dont il vient d'être parlé, lorsqu'il n'est pas signé par l'entrepreneur, et rendu exécutoire contre lui, mais il faut qu'il soit indépendant du devis. (Inst. 1391.).. *(Ex.)*

111. DEVIS. — EXPÉDITIONS. — Les expéditions du devis. (Inst. 290.)............................... *(As.)*

112. DONS ET LEGS. — DÉCRETS. — Les ordonnances ou décrets qui autorisent l'acceptation des dons et legs....... .... *(Ex.)*

113. DÉPOT. — SOMMES DÉPOSÉES DANS LES HÔPITAUX. — Les actes relatifs aux dépôts en argent faits entre les mains des Administrateurs des hospices par les personnes qui sont admises dans ces établissements. (Déc. min. du 11 septembre 1849.)... .... *(Ex.)*

114. DONS ET LEGS. — ARRÊTÉS. — Les *minutes* des arrêtés préfectoraux qui autorisent des dons et legs. *(Ex.)*

115. DONS ET LEGS. — COPIES. — Les expéditions, ampliations ou copies des arrêtés préfectoraux...... *(As.)*

116. DOTS. — DOTS AUX FILLES VERTUEUSES. — Les quittances données par les personnes qui recevront des dots comme prix de vertu, ou les filles mariées à des militaires (le jour de l'anniversaire des fêtes nationales), dès qu'il n'y a aucune exemption prononcée à cet égard. (Inst. 454, § 2.)... (*As.*)

117. ÉCOLES PRIMAIRES. — Traitements. — Les quittances de traitements payés aux Instituteurs et Institutrices, s'élevant à plus de 300 fr. (Déc. min., 9 octobre 1835.)... (*As.*)

118. ÉCOLES PRIMAIRES. — Traitements. — *Subventions*. — Les quittances de subventions payées par l'État ou le Département. (Déc. min. du 16 février 1835.) (*As.*)

119. ÉCOLES PRIMAIRES. — Loyer ou indemnité. — Les quittances *au-dessus de 10 fr.* pour le loyer de la maison d'école ou de la salle d'école, ou les quittances pour indemnité de logement.............................. (*As.*)

120. ÉCOLES PRIMAIRES. — Maisons. — *Secours*. — Les quittances de secours pour construction, réparations, acquisition et ameublement de maisons d'école. (Déc. min., 16 février 1835 ; inst. 1513, § 12.)................ (*As.*)

121. ÉCOLES PRIMAIRES. — Rétribution mensuelle. — Les états dressés mois par mois des élèves, conformément aux articles 14 de la loi du 28 juin 1833 et 41 de la loi du 15 mars 1850, et les rôles de recouvrement de la rétribution mensuelle.............................. (*Ex.*)

122. ÉCOLES PRIMAIRES. — Rétribution mensuelle. — Les quittances au Receveur, de la rétribution collective et mensuelle payée par les élèves aux Instituteurs, s'élevant à plus de 10 fr. (Inst. 1760.)........... (*Ex.*)

123. ÉCOLES PRIMAIRES. — Rétribution men-

SUELLE. — Les quittances données *aux parents* pour la rétribution mensuelle des élèves. (Déc. min. du 17 juin 1840.) ci . . . . *(Ex.)*

124. ÉCOLES PRIMAIRES. — Adultes. — Les quittances *au-dessus de 10 fr.*, pour l'instruction des adultes ou des indigents . . . . *(As.)*

Toutefois si la somme versée à l'instituteur pour l'instruction des adultes lui est allouée à titre de supplément au traitement *fixe et annuel*, et si ce supplément de traitement réuni au traitement fixe ne dépasse pas 300 fr. . . . . . *(Ex.)*

125. ÉLECTIONS. — Candidature. — *Présentation.* — Les affiches relatives aux candidatures, lors des élections générales, doivent être exemptes de la formalité du timbre. (Circulaire, 1er mai 1849.) . . . . *(Ex.)*

126. EMPLOYÉS ET AGENTS. — Traitements, salaires. — Les quittances de traitements payés aux publicateurs, crieurs ou tambours; aux gardes champêtres et forestiers; aux agents et commissaires de police; aux messagers et commissionnaires; aux concierges; aux commis-voyers; aux secrétaires et employés de la mairie; aux préposés de l'octroi; aux docteurs, médecins et officiers de santé; aux sages-femmes; aux professeurs; aux bibliothécaires; aux receveurs municipaux, pour traitement, rétribution et remises, lorsque le montant desdits traitements n'excède pas trois cents francs par an. (Inst. 1513, § 12.) . . . . *(Ex.)*

127. EMPLOYÉS ET AGENTS. — Traitements, salaires. — Lorsque le traitement excède trois cents francs, et qu'il est payable *par mois* ou *par trimestre*, il faut que le titulaire donne une quittance séparée pour chaque mois ou pour chaque trimestre ; on ne peut pas mettre plusieurs quittances à la suite l'une de l'autre sur la même feuille. (Art. 23 de la loi du 13 brumaire an VII ; inst. 1370, § 9.)............................. ...... (*As.*)

128. EMPLOYÉS ET AGENTS. — SUPPLÉMENT DE TRAITEMENT. — Les quittances de supplément de traitement ou indemnités accordés aux curés, desservants, instituteurs et généralement à *toutes les personnes* attachées aux communes ou établissements publics, lorsque le traitement et le supplément de traiement alloués *par la commune* ou les établissements n'excèdent *pas ensemble trois cents francs par année*, ou si le traitement étant payé par l'État, le supplément accordé par la commune, etc., n'excède pas trois cents francs............................... (*Ex.*)

129. EMPLOYÉS ET AGENTS. — VEUVES (d'). — Les quittances pour secours à des veuves de pompiers *ou autres employés non indigents.* (Journ. nº 12388.)... (*As.*)

Dans le cas d'indigence constatée. (Journ. nº 12388.) ci.. (*Ex.*)

130. EMPLOYÉS ET AGENTS. — ÉTATS COLLECTIFS D'ÉMARGEMENT. — Les états collectifs d'émargement de traitement, remises ou rétributions, quand la somme annuelle allouée à un seul des agents excède trois cents francs. (Inst. 1331, § 2 ; et 1422, § 19.). .... (*As.*)

131. EMPLOYÉS ET AGENTS. — PRESTATION DE SERMENT. — Les actes relatifs à la prestation de serment des fonctionnaires doivent être écrits sur papier timbré et enregistrés, et les expéditions qui pourraient être délivrées doivent être faites sur papier timbré........... ...... (*As.*)

132. EMPREINTE DU TIMBRE. — (*Écriture sur l'*) — Le timbre ne peut être couvert d'écriture ni altéré sans encourir une amende de 5 francs 50 centimes. (Art. 21 et 26 de la loi du 13 brumaire an VII, et 10 de la loi du 16 juin 1824.)

133. ENFANTS TROUVÉS. — Certificats de vie. — Les certificats de vie produits à l'appui des mandats de paiements aux nourrices (inst. 1447), et les quittances de celles-ci. (Inst. 1401, § 9.). . . . . (*Ex.*)

Les quittances de sommes excédant dix francs payées aux conducteurs d'enfants trouvés. (Délib. du 30 décembre 1839, journ. E, 12455.). . . . . (*As.*)

134. ENFANTS TROUVÉS. — Employés a la surveillance. — Les quittances des frais de voyages payés aux conducteurs, aux nourrices et surveillants des enfants trouvés; celles des honoraires de médecins, et celles données par les économes des hospices aux receveurs de ces établissements pour le remboursement de leur compte d'économat. (Délib. du 24-30 décembre 1839, rec. 5999, journ. enregist. n° 12455. . . . . (*As.*)

135. ENFANTS TROUVÉS. — États nominatifs. — *Acquits.* — Les certificats de vie des enfants trouvés produits par les nourrices à l'appui des mandats de paiement des mois de nourrice, et les états nominatifs émargés pour quittance ayant le même objet. (Inst. 1401. § 9; et 1447.) ci. . . . . (*Ex.*)

136. ENFANTS TROUVÉS. — Indemnités aux nourrices. Les quittances des nourrices pour l'indemnité qui leur est accordée, lorsqu'elles conservent les enfants jusqu'à l'âge de 12 ans. (Déc. min., 8 avril 1835.)... (*Ex.*)

137. ENGAGEMENTS VOLONTAIRES. — ACTES Y RELATIFS. — *Toutes les pièces* relatives aux engagements, enrôlements, congés, certificats, cartouches, passeports, quittances pour prêts et fournitures, billets d'étapes, de subsistances et de logement. (9e alinéa du § 1er de l'art. 16 de la loi du 13 brumaire an VII.)............... (*Ex.*)

138. ENTREPRENEURS. — PIÈCES A FOURNIR. — Les expéditions ou extraits à fournir par les entrepreneurs à l'appui du mandat de paiement. (Journ. E., n° 11812, § 2.)....... .... (*As.*)

139. ÉTABLISSEMENTS PUBLICS. — SUBVENTIONS. — Les mandats délivrés pour subventions. (Inst. 1391.) ci.. (*As.*)

140. ÉTAT CIVIL. (*Voir* articles 5, 14, 62, 167 et suivants, 192 et 246.)

141. ÉTATS. — ÉTATS COLLECTIFS. — Les états collectifs d'émargements ou quittances individuelles de traitements, remises et rétributions des employés *quelconques* des Communes et Établissements publics, quand la somme pour chacun ou pour l'un d'eux excède 300 fr. par an; ci.................................... .... (*As.*)

Au dessous de 300 francs par an............. (*Ex.*)

142. ÉTATS. — CONTRÔLES OU ÉTATS DE JOURNÉES. — Les contrôles ou états de journées d'ouvriers qui ne sont pas faits par les entrepreneurs ou régisseurs. (Inst. 1391.) ci. .... (*Ex.*)

Les mêmes, faits par les entrepreneurs ou régisseurs. (Inst. 1391.)...................................... (*As.*)

143. ÉTATS. — Les états de remboursements d'avances faites par les entrepreneurs de travaux et autres lorsqu'ils y joignent un bénéfice quelconque comme cela est autorisé pour les dépenses faites sur les journées à valoir. (Inst. 1391.)............... .... (*As.*)

144. ÉTATS. — États nominatifs d'aliénés. — Les états nominatifs des individus admis dans les maisons d'insensés et de refuge *qui ne sont pas à la charge du Trésor public*, dans les hospices ou autres établissements de bienfaisance, et dressés par ces institutions pour obtenir le remboursement de prix de journées ou de traitement, ou d'autres dépenses. (Inst. 1391.).... .... (*As.*)

145. ÉTATS. — États parcellaires. — Les états parcellaires de terrains cédés aux communes pour l'établissement ou la rectification des chemins vicinaux, si, émargés par les vendeurs, ils remplacent un contrat de vente, doivent être visés pour timbre et enregistrés gratis. (Art. 58 de la loi du 3 mai 1841 ; inst. gén. n° 1768.)... ...... (*Ex.*)

146. ÉTATS. — États exécutoires. — Les états dressés par les maires, en vertu de l'article 63 de la loi du 18 juillet 1837, lorsqu'ils sont rendus exécutoires. (*As.*)

Si ces états, non rendus exécutoires, ne sont joints aux comptes que pour justifier la recette............. (*Ex.*)

147. EXÉCUTOIRES. — Frais de justice. — Les exécutoires pour frais de justice excédant dix francs. (Inst. 371, § 3.).. .... (*As.*)

148. ÉPIDÉMIES. — (*Voir* n° 237.)

149. EXPÉDITIONS. — Forme des expéditions. —
Aucune expédition ne peut être délivrée sur un papier inférieur à 1 fr. 25 c., et l'on ne peut mettre plus de *vingt-cinq*
lignes par page, ou cent par feuille, compensation faite d'une
page à une autre. (Loi du 13 brumaire an vii, art. 19, 20,
26, 44 ; et loi du 16 juin 1824, art. 10.).......... (*As.*)

Ces expéditions doivent contenir en outre *la copie entière
et littérale*, de la relation de l'enregistrement, ainsi que de
l'approbation. (Art. 44 de la loi du 22 frimaire an vii, à
peine d'une amende de 5 fr. 50 c.).............. (*As.*)

**150. EXPÉDITIONS. — Expéditions ou extraits
délivrés aux parties. —** Les expéditions, extraits ou
copies *de tous les actes*, arrêtés, décisions et délibérations
généralement quelconques délivrés aux parties, à moins
qu'elles ne soient dans l'indigence, ce dont il doit être fait
mention dans les expéditions ou extraits. (Loi du 15 mai
1818, art. 80 ; inst. 454 et 1394.)............... (*As.*)

**151. EXPÉDITIONS. — Expéditions ou extraits
délivrés a une administration. —** Les extraits, copies
ou expéditions de tous les actes administratifs délivrés par
une administration ou un fonctionnaire public à une autre
administration publique ou à un fonctionnaire public, *lorsqu'il est fait mention de cette destination*. (Art. 16, loi du
13 brumaire an vii)..... .... (*Ex.*)

Cette mention doit être ainsi conçue : Pour copie conforme
délivrée administrativement à M^r. le........ (titre du
fonctionnaire à qui l'expédition est délivrée.)

A............. le......

L'absence de *cette simple indication* rend soumises au

droit de timbre, toutes les expéditions qui seraient délivrées même dans l'intérêt d'un service public.

152. EXPÉDITIONS. — ARRÊTÉS DES PRÉFETS. — *Copies ou Expéditions.* — Les copies ou expéditions des arrêtés préfectoraux qui autorisent les communes :

1° A vendre ou à acquérir dans l'intérêt de la commune ;

2° A acquérir ou à aliéner des terrains qui doivent faire partie des chemins vicinaux ;

3° A recevoir des dons et legs ;

4° A donner main-levée d'inscriptions ;

5° A recevoir le remboursement de rentes ;

6° Qui désignent un notaire pour la vente d'un bien d'un hospice. (Loi du 13 brumaire an VII, art. 16 ; inst. 1236, § 11.)............... .... *(Ex.)*

Mais s'il est fait usage de ces expéditions ou copies pour les *reproduire*, les *annexer* et les *mentionner* dans les actes passés en vertu de l'autorisation que contient l'arrêté. (Déc. min. des 29 août, 9 novembre et 31 décembre 1831, journ. enregis. 10163 ; 1er avril 1836, journ. 11830 ; déc. min. du 24 février 1837, journ. 11817 ; journ. 12044 ; avis du Conseil d'État du 22 août 1839.......... *(As.)*

153. EXPÉDITIONS. — ARRÊTÉS DES PRÉFETS. — *Arrêtés non sujets à l'enregistrement.* — Les expéditions des arrêtés préfectoraux non sujets à l'enregistrement sur la mininute peuvent être écrites sur le double de la pétition, *lorsqu'elle est sur papier timbré à 1 fr. 25.* (Arrêté du 21 fructidor an IV.)......................... .... *(Ex.)*

154. EXPÉDITIONS. — ARRÊTÉS DES PRÉFETS. —

Arrêtés rendus dans un intérêt privé. — Les expéditions délivrées à des particuliers *non indigents* ou à des Communes et établissements publics, *dans leur intérêt,* lors même que leurs demandes sont rejetées. (Inst. 1391.)........ (*As.*)

Les expéditions délivrées à des indigents, mais à charge de faire mention de cette destination. (Loi du 15 mai 1818, art. 80 ; inst. 454 et 1391.)...... .... (*Ex.*)

155. EXPÉDITIONS. — Copies de titres divers. — Les copies, expéditions ou extraits de tous registres, titres et *papiers* déposés dans les dépôts d'archives, délivrées dans un intérêt privé. (Loi du 13 brumaire an VII, art. 19.) ci.. (*As.*)

156. EXPÉDITIONS. — Ordonnances royales, décrets, arrêtés ministériels. — Les ampliations, expéditions, copies ou extraits des ordonnances royales, décrets ou arrêtés ministériels. (Art. 16 de la loi du 13 brumaire an VII.). . . . . (*Ex.*)

Même dans le cas où il en serait fait usage pour les reproduire, les annexer ou les mentionner dans les actes passés en vertu de l'autorisation que contient la minute. . . (*Ex.*)

157. EXPÉDITIONS. — Adjudications, marchés, traités, jugements. — Les expéditions des procès-verbaux d'adjudications, de marchés et de traités *de toute nature* délivrées aux receveurs municipaux par les maires, greffiers, secrétaires, etc., etc. (Loi du 13 brumaire an VII, art. 17.). . . . . (*As.*)

158. EXPÉDITIONS. — Ventes de coupes de bois. — Les expéditions des procès-verbaux d'adjudications déli-

vrées tant à l'adjudicataire qu'au Receveur des domaines et au Receveur municipal et au Trésorier de l'hospice . . (*As.*)

159. EXPÉDITIONS. — Adjudications d'objets divers. — Les expéditions de soumissions, adjudications et arrêtés relatifs à des travaux exécutés par les prisonniers pour le compte d'entrepreneurs. . . . . (*As.*)

160. EXPÉDITIONS. — Procès-verbaux, devis, cahier des charges. — Les expéditions des procès-verbaux d'adjudications, marchés, soumissions, généralement quelconques, ayant pour objet des constructions, réparations, entretiens, approvisionnements et fournitures, et que les comptables doivent exiger lors des poursuites. (Journ. E., 11812.). . . . . , ... (*As.*)

161. EXPÉDITIONS. — Adjudications d'immeubles. — Les expéditions des procès-verbaux d'adjudications de ventes de biens de l'État, des départements, arrondissements, communes et d'établissements publics, délivrées aux acquéreurs et comptables. (Loi du 13 brumaire an vii; inst. 290.). . . . . (*As.*)

162. EXPÉDITIONS. — Marchés. — Les expéditions des quittances notariées de prix de marchés passés avec l'État. (Inst. 1504, § 6.). . . . . (*As.*)

163. EXPÉDITIONS. — Baux. — Les copies ou expéditions de baux. . . . . (*As.*)

Mais les expéditions qui sont délivrées pour l'ordre de la comptabilité, en ce qui concerne les baux qui ont une durée de *plusieurs années*, peuvent être *rédigées sur papier libre*, à la condition qu'elles porteront une mention spéciale ainsi conçue : Pour copie (ou extrait) conforme délivrée administrativement et pour ordre de la comptabilité ; l'expédition en forme sera produite en 18.. (*époque à laquelle finit le bail.*).. (*Ex*)

164. EXPÉDITIONS. — Comptabilité. — *Arrétés de la Cour des Comptes ou des Conseils de Préfecture.* **—** Les expéditions ou copies des arrêtés de la Cour des Comptes ou des Conseils de Préfecture, portant réglement de la comptabilité des Receveurs, lorsqu'elles sont *notifiés administrativement* et que *mention en est faite.* (Inst. 1156, § 11 ; 1236, § 10 ; 1099 ; 1156, § 11 ; 1236, § 10.)..... (*Ex.*)

165. EXPÉDITIONS. — Comptabilité. — Arrétés. **—** *Copies demandées par les comptables.* **—** Les expéditions ou copies demandées par les comptables, soit au Greffier de la Cour des Comptes, soit aux Préfets, de la décision ou des débats des Comptes. (Déc. min. 12 septembre 1823 ; inst. 454 ; 1099 ; 1156, § 11 ; 1200, § 22 ; déc. min. 17 septembre 1832.)............................. (*As.*)

166. EXPÉDITIONS. — Comptabilité. — *Copies pour les Mairies.* **—** Les expéditions des comptes des Receveurs déposées aux Mairies. (Art. 1er et 12 de la loi du 13 brumaire an VII ; inst. 454 et 582.)....................... (*As.*)

Toutefois les expéditions des comptes destinées à être déposées *pour ordre* dans *les archives des Mairies*, sont exemptes du timbre. (Déc. min., 3 juillet 1822 ; recueil, 337).. (*Ex.*)

167. EXPÉDITIONS. — État civil. — *Copies des actes.* **—** Les copies, expéditions ou extraits des actes de l'état civil (*actes de naissance, de mariage ou de décès*) délivrés au Trésorier de la fabrique d'une église, au Receveur municipal, au Receveur d'un établissement charitable; aux particuliers non indigents, aux Administrateurs des communes ou établissements publics dans leur intérêt. (Inst. 1422, § 18; circul. 1496; inst. min., 22 janvier 1830.). . (*As.*)

A l'exception : 1° des expéditions délivrées aux indigents, soit pour la célébration d'un mariage entre indigent, soit pour une autre cause. (Art. 80 de la loi du 15 mai 1818 et 8 de la loi du 3 juillet 1846.)...................... (*Ex.*)

2°. Des expéditions délivrées à une administration publique. (Art. 16 de la loi du 13 brumaire an vii.).... (*Ex.*)

Mais à la charge de faire mention dans l'un et l'autre de ces cas du motif qui oblige le Maire à délivrer la copie sur papier libre............................... (*Ex.*)

167 *bis*. EXPÉDITIONS. — Colonies, Émigrants. — Les extraits des registres de l'état civil nécessaires aux ouvriers et cultivateurs qui émigrent dans les *colonies françaises*, peuvent être délivrés sur papier non timbré, à condition que l'autorité qui les délivrera y fera mention de leur destination. (Déc. min. du 27 mai 1850, journ. E., n° 14957, § 8.)............................. (*Ex.*)

168. EXPÉDITIONS. — État civil. — *Enfants trouvés*. — Les expéditions des actes de l'état civil pour faire admettre à l'hospice les enfants trouvés ou abandonnés. (Déc. min., 3 février 1836; journ. 11460.)....... (*Ex.*)

169. EXPÉDITIONS. — État civil. — *Gendarmes*. — Les expéditions des actes de naissance délivrées aux gendarmes pour être admis au service, ou à des militaires qui demandent à entrer dans la gendarmerie. (Déc. du 3 février 1836, journ. 11460.). .... (*Ex.*)

170. EXPÉDITIONS. — État civil. — *Tables décennales.* — Les expéditions des tables décennales des registres de l'état civil, destinées à la Préfecture, à la Mairie et au greffe du Tribunal. (Inst. 770 et 1064.)..... (*As.*)

171. EXPÉDITIONS. — Grande voirie. — *Roulage.* — Les expéditions, copies ou extraits délivrés aux parties, sur leur demande, des décisions des Conseils de Préfecture en matière de roulage et de grande voirie. (Inst. 1391). (*As.*)

172. EXPÉDITIONS. — Jugements. — *Dommages-intérêts.* — Les expéditions de jugements de condamnations à des dommages-intérêts fournies par des greffiers. (Inst. 1236, § 11.).. ... (*As.*)

173. EXPÉDITIONS. — Prestation de serment. — Les expéditions des actes de prestation de serment. (Inst. 248.) ci .. .. (*As.*)

174. EXPERTISES. — Pièces relatives au paiement. — Toutes les pièces concernant les frais d'expertises, en toute matière, acquittés par les communes ou établissements publics pour toutes les sommes excédant 10 fr. (Inst. 454.).. (*As.*)

175. EXPERTISES. — Procès-verbaux. — Les procès-verbaux d'expertise de bâtiments ou terrains, sujets à l'enregistrement. (Inst. 1391.)................... (*As.*)

176. EXPROPRIATIONS. — Expropriation pour l'utilité publique. — Les actes et pièces relatives aux expropriations pour cause d'utilité publique, sont enregistrés gratis et visés pour timbre gratis, *quand toutes les formalités prescrites par la loi du 7 juillet 1833,* l'ordonnance royale du 23 août 1835 et la loi du 3 mai 1841, ont été suivies. (Inst. 1448.).................... (*Ex.*)

177. EXTRAITS. — EXTRAITS DE MINUTES. — Les extraits d'actes sont assimilés aux *expéditions.* (*Voir* à ce dernier mot.)

178. FABRIQUES. — COMPTABILITÉ. — Toutes les pièces relatives à la comptabilité des fabriques d'églises, chapelles, etc., lorsqu'il s'agit de mandats, factures ou quittances au-dessus de 10 fr. sont assujetties au timbre, comme celles concernant la comptabilité communale. (Déc. du min. des finances, 12 mars 1827; inst. 1210, § 14, et 1231, § 1er.)......... .... (*As.*)

179. FABRIQUES. — COMPTABILITÉ. — *Mandats, Subventions.* — Les mandats de subventions et les quittances. (Inst. 1391, 1132, § 16.).............. (*As.*)

180. FABRIQUES. — COMPTABILITÉ. — *Registres, Adjudications, Baux, etc.* — Les registres tenus par l'administration des fabriques sont exempts du timbre; mais il faut remarquer que les adjudications, marchés et *tous autres actes* dans lesquels *les tiers concourent* avec les *fabriques,* ne peuvent être inscrits sur ces registres, attendu que, d'après l'art. 78 de la loi du 15 mai 1818, tous ces actes sont soumis au timbre et à l'enregistrement. (Déc. min., 12 mars 1827; inst. 1210, § 14, et 1231, § 1er................. (*As.*)

181. FABRIQUES. — COMPTES. — Le double des comptes rendus par le Trésorier, à lui délivré pour décharge de sa gestion. (Déc. min., 16 novembre 1827; inst. 1236, § 10; déc. min., 12 mars 1829; inst. 1210, § 14 et 1231, § 1er).......... .... (*As.*)

182. FABRIQUES. — Arrêtés préfectoraux. — Les arrêtés des Préfets qui autorisent une fabrique à recevoir le remboursement d'une rente, et à placer de nouveau le capital, ainsi que l'expédition de cet arrêté comme mesure d'ordre. . . . . *(Ex.)*

Mais s'il est fait usage de l'expédition dans un intérêt privé. . . . . *(As.)*

183. FABRIQUES. — Obligations des trésoriers. — Les Trésoriers doivent communiquer à toute réquisition aux préposés de l'enregistrement, leurs actes et pièces soumis au timbre et à l'enregistrement, à peine de l'amende de 11 fr. (Art. 54 de la loi du 22 frimaire an vii; 6-27 ventôse an ix.)

184. FACTURES. — Factures et mémoires. — Les factures et mémoires, quel qu'en soit le montant. (Solution, 5 juin 1843.) . . . . *(As.)*

Le droit de timbre est réglé d'après la dimension du papier. (Inst. 386, § 22; 454, § 11: 1205, § 15; et 1236, § 11.

Mais lorsque les fournitures *n'excèdent pas* 10 fr., on peut se dispenser d'exiger une facture. Dans ce cas, le détail des objets fournis et leurs prix devront être énoncés dans le corps du mandat; la quittance à donner au pied de ce mandat est elle-même exempte du timbre. (Inst. 1481, § 17 et 1273.) . . . . *(Ex.)*

Voir au surplus aux mots: *Mandats*, nos 231 et suivants, et *Mémoires*, nos 240 et suivants.

185. FÊTES NATIONALES. — Frais. — Les quittances délivrées pour dépenses faites à l'anniversaire des fêtes nationales. . . . . *(As.)*

186. FONTAINES. — Entretien. — Les quittances pour frais d'entretien, même à titre de traitement.... *(As.)*

187. FRAIS DE BUREAUX. — Mairies. — Les mandats délivrés aux Maires et *quittancés*, pour frais de bureau avancés par eux ou par abonnement. (Inst. 1391.).. *(As.)*

188. GARDE NATIONALE. — Dépenses intérieures de service. — L'article 81 de la loi du 21 mars 1831 exempte du timbre toutes les pièces produites concernant les dépenses ordinaires et extraordinaires ci-après :

1° Achat de drapeaux ;

2° Achat de tambours, trompettes et instruments de musique ;

3° Partie d'entretien des armes qui ne sera pas à la charge individuelle des gardes nationaux ;

4° Frais de registres, papiers, contrôles, billets de garde et tous menus frais de bureaux ;

5° Frais d'indemnité du commandant supérieur et de son état-major ;

6° Appointements des majors, adjudants-majors et adjudants sous-officiers ;

7° Habillement et solde des tambours, trompettes et musiciens. (Art. 81, loi du 22 mars 1831, déc. min. du 14 septembre 1832, rapportés dans l'inst. 1422, § 16.)... *(Ex.)*

Les différents marchés passés, pour l'exécution du décret du 24 mars 1848, par les municipalités pour l'habillement des gardes nationaux sont exempts du timbre et enregistrés gratis. (Inst. gén. n° 1802, 3°.)............... *(Ex.)*

189. GARDE NATIONALE. — Dépenses de casernement. — Toutes les pièces telles que factures, mémoires, quittances pour loyers, frais d'entretien et réparations des corps-de-garde, leur chauffage, éclairage. (Déc. min. du 14 septembre 1832, rapportée dans l'inst. 1422, § 16; et solution du 28 août 1834.)...................... (*As.*)

190. GARDE NATIONALE. — Agents ou employés au service. — Les mémoires des commissionnaires, tambours, trompettes et autres personnes salariées et employées au service de la garde nationale, dont le traitement annuel ne s'élève pas à 300 francs. (Roy. p. 1681.).... . (*Ex.*)

191. GARDES CHAMPÊTRES. — Procès-verbaux. Les procès-verbaux des gardes champêtres sont visés pour timbre en débet, mais ces agents doivent toujours avoir en dépôt, à la mairie, plusieurs feuilles visées pour timbre en débet, le visa devant *précéder* la rédaction. (Inst. 726, 768.).. (*Ex.*)

192. GARDE PARTICULIER. — La minute ou l'expédition de l'arrêté du Préfet qui l'a agréé........ (*As.*)

193. GENDARMERIE. — Logement. — Les baux de casernement doivent être rédigés sur papier timbré et enregistrés, et les droits sont à la charge du Département. (Inst. 1391.)......................... .... (*As.*)

194. GENDARMERIE. — Certificats. — Les certificats ou duplicatas pour obtenir le remboursement des droits ci-dessus indiqués. (Déc. min. 6 avril 1821; inst. 1425, § 3.)............................. .... (*Ex.*)

195. GENDARMERIE. — Couchage. — Les états nominatifs des gendarmes qui reçoivent des lits lorsqu'ils sont

fournis par l'entrepreneur des lits militaires. (Inst. 1391.)
ci. . . . . *(As.)*

196. GENDARMERIE. — Couchage. — Les quittances d'indemnités de literie dont la dépense est ordonnancée au nom du conseil d'administration des compagnies de gendarmerie. . . . . *(Ex.)*

197. HORLOGES. — Entretien. — Les quittances pour entretien et montage, même à titre de traitement. (Inst. 1099; et 1370, § 9.). *(As.)*

198. HOSPICES. — Subventions. — Les mandats de subventions communales à titre de secours. (Inst. 1236, § 12.). . . . . *(As.)*

199. HOSPICES. — Hôpitaux. — *Dépôt de sommes pour les malades.* — Les actes relatifs aux dépôts en argent faits entre les mains des administrateurs des hospices pour les personnes qui sont admises dans ces établissements. (Déc. min. du 11 septembre 1849.). . . . . *(Ex.)*

200. HOSPICES. — Comptabilité. — Le double des comptes des hospices servant de décharge aux comptables. (Déc. min. 16 novembre 1827; inst. 1210, § 10. . . . *(As.)*

201. HOSPICES. — Comptabilité. — Les expéditions des arrêtés du Conseil de Préfecture portant règlement de la comptabilité de ces établissements. (Déc. du 16 novembre 1827; inst. 1210, § 10.). *(Ex.)*
Lorsque ces expéditions sont demandées par les comptables eux-mêmes. . . . . *(As.)*

202. HOSPICES. — Comptabilité. — Les pièces de

dépenses, marchés, factures, mandats, comptes acquittés par les fournisseurs ou entrepreneurs, sont, comme les pièces de même nature concernant les communes, assujetties au timbre, sauf les exceptions rapportées dans la présente nomenclature. (Inst. 1180, § 9.)................ (*As.*)

203. HOSPICES. — COMPTABILITÉ. — Les quittances données par les communes........ .... (*As.*)

204. HYPOTHÈQUES. — MAIN-LEVÉE. — L'arrêté du Conseil de Préfecture qui a autorisé à donner main-levée d'inscriptions hypothécaires au profit des hospices :

La minute............................... (*Ex.*)
L'expédition.............................. (*As.*)

205. HYPOTHÈQUES. — RADIATION. — L'acte de main-levée ou le consentement à radiation par le Conservateur des hypothèques. (Inst. 1236, § 1er.).......... (*As.*)

206. INDIGENTS. — ATELIERS DE CHARITÉ. — Le salaire payé à des indigents employés à des *travaux d'ateliers de charité*, sans entrepreneur ni fournisseur qui puisse en retirer un bénéfice. (Déc. min. du 9 octobre 1835.) (*Ex.*)

207. INDIGENTS. — TRAVAUX, RÉGIE. — Les quittances pour paiement du prix des travaux faits à la journée ou à la tâche par des ouvriers employés par régie au compte direct de la commune ou de l'établissement, et lorsqu'il n'y a pas entre eux et la commune ou l'établissement d'intermédiaire qui puisse en retirer un bénéfice ou profit quelconque. (Inst. 1391.)......... .... (*Ex.*)

208. INDIGENTS. — SECOURS. — Les quittances données par des indigents pour les secours qui leur sont accordés à ce titre quoiqu'excédant 10 francs. (Déc. min. 23 août 1832.)...... .... *(Ex.)*

209. INDIGENTS. — Secours a un établissement charitable. — Les quittances de secours données aux bureaux de charité. (Inst. 1236, § 12.)............. *(Ex.)*

210. INDIGENTS. — Aliénés. — *(Voir Aliénés ,* n°s 20 et 21.)

211. INDIGENTS. — Dépôt de mendicité. — *Administration.* — Les quittances et les décomptes de prix de journées dues par les Départements aux dépôts de mendicité pour les indigents conduits dans ces établissements par suite de condamnations judiciaires ou admis par ordre du Préfet. (Inst. gén. 1767, § 14.)..................... *(Ex.)*

212. INDIGENTS. — Copies d'actes civils ou judiciaires. — Les expéditions des actes de l'état civil, des actes de notoriété, de consentement, de publication, les délibérations des conseils de famille, les actes de procédure, les jugements et arrêts dont la production est nécessaire pour la célébration du mariage des personnes indigentes et pour la légitimation de leurs enfants. (Art. 8 de la loi du 3 juillet 1846.) *(Ex.)*

Mais pour jouir du bénéfice de cette loi, il faut justifier : qu'on paye moins de 10 fr. de contribution, ou qu'on n'est pas imposé, *et que l'on est indigent.*

Dans les autres cas (déc. min. du 2 germ. an VII.) *(As.)*

213. INDIGENTS — Copies d'actes administratifs. — Les copies d'actes administratifs délivrées aux indigents à charge de faire mention de l'indigence. (Art. 77 de la loi du 15 mai 1818............................. *(Ex.)*

214. INHUMATIONS. — Permis. — Le permis d'inhumer délivré par le Maire. (Code civil, art. 77.)... (***Ex.***)

215. INHUMATIONS. — Concessions. — Les concessions de terrains dans les cimetières............ ..... (***As.***)
Elles sont sujettes en outre à l'enregistrement.

216. INSOLVABILITÉ. — Constatation. — Les certificats délivrés par les Maires. (Art. 16, loi du 13 brumaire an VII.)...... .... (***Ex.***)
(***Voir*** en outre le n° 98.)

217. INSCRIPTIONS HYPOTHÉCAIRES. — Radia-tions. — ***Voir*** les n°ˢ 204 et 205.)

218. INSTITUTEURS. — Salaires. — Les quittances de traitement et supplément de traitement réunis excédant 300 fr. (Inst. 1513, § 12.)............... ... .. (***As***).
La rétribution mensuelle des élèves n'est plus réunie au traitement pour l'application du droit. (Inst. 1578; déc. min., 20 décembre 1838.).............. .... (***Ex.***)

219. INSTITUTEURS. — Rétributions. — Les quittances au-dessus de 10 fr. pour l'entretien des adultes ou des indigents .... (***As.***)
Si c'est à titre de supplément de traitement fixe et annuel, et que ce supplément réuni au traitement ordinaire annuel ne dépasse pas 300 fr............. .... (***Ex.***)

220. INSTITUTEURS. — Rétributions. — Les quittances que les Instituteurs donnent pour rétribution mensuelles des élèves, même lorsqu'elles ont pour objet des sommes au-dessus de 10 fr. (Inst. 1760; loi du 15 mars 1850.) (***Ex.***)

221. INSTITUTEURS. — Rétributions. — Les quittances données aux parents pour même cause. (Déc. min. du 17 juin 1840.).... .... (*Ex.*)

222. INSTITUTEURS. — Pensions. — *Caisse d'épargne.* — Les mandats et quittances de retenues du 20e du traitement fixe pour la caisse d'épargne. (Inst. 1481, § 17 ; même lorsque la somme est supérieure à 10 fr.) (*Ex.*)

223. INSTITUTEURS. — Écoles. — Les quittances pour loyer des maisons d'école ou indemnité de logement. (*As.*)

224. INSTITUTEURS. — Indemnités. — Les quittances de sommes allouées pour secours ou encouragements. (Inst. 1513 , § 12.)............................. (*As.*)

225. INSTITUTEURS. — Durée d'exercice. — Les certificats constatant que les Instituteurs et Institutrices sont restés en fonctions, afin qu'on puisse les payer. (Déc. min. du 26 septembre 1837 ; journ. 11904.)........... (*Ex.*)

226. JUGEMENTS DES TRIBUNAUX ADMINIS· TRATIFS. — (*Voir* no 26.)

227. LETTRES. — Lettres d'avis ministériels. — Les lettres d'avis des Ministres et Directeurs généraux portant mandat au profit des Communes et établissements publics et des particuliers. (Inst. 1391)... .... (*As.*)

228. LETTRES. — Lettres de voiture. — Cette espèce de titre et toute pièce destinée à en tenir lieu quoique ne contenant pas tout ce qui est indiqué par l'article 102 du code de commerce, (loi du 11 juin 1842 ; avis de la cour de cassation du 17 avril 1848, art. 14502 ; inst. gén. no 1825,

§ 13 ; déc. min. du 24 mai 1847 ; inst. gén. 1796, § 29.)
Avis de la cour des comptes du 10 juillet 1849, (art.
14768 du journal ; inst. gén. 1844, § 19.) . . . . (*As.*)

229. LISTE CIVILE. — Pensions. — Les certificats
délivrés aux pensionnaires réputés indigents. (Déc. min., 28
décembre 1834.). . . . . (*Ex.*)

230. LIVRES. — Comptabilité. — Les livres des
comptes de produits divers ; expéditions des comptes de
gestion, soit en espèces, soit en matière. . . . . (*As.*)

231. MANDATS. — Ordonnancement. — Le mandat
délivré pour l'ordonnancement de la dépense n'est point
assujetti au timbre ; mais la quittance mise à la suite par la
partie prenante ne peut être soustraite à cette formalité.
— Cette quittance peut être écrite sur une feuille de papier
timbré séparée, dans ce cas la quittance apposée en outre
sur le mandat n'est pas passible d'un autre droit de timbre.
(Inst. 454 et 1425, § 10.). (*Ex.*)

232. MANDATS. — Factures et quittances. — Si
une quittance était placée, non à la fin de la facture ou
du mémoire non timbré, mais à la suite du mandat également non timbré, il serait dû deux droits de timbre :
l'un pour le mémoire ou la facture, l'autre pour la quittance.
(*Voir* nos 166, 184, 231 et suivants, et 240 et suivants.)
ci. . . . . (*As.*)

233. MANDATS. — Format du mandat ou de la
quittance. — Quelle que soit la dimension du papier du
mandat, le timbre est de 35 c. — Il peut être délivré sur
une formule imprimée et timbrée à l'extraordinaire, ou visé

pour timbre dans tous les bureaux, *mais avant le paiement et l'acquit.* (Inst. 1391 et 1398, § 5 ; inst. 1239 ; 1286 ; 1307, § 14 ; 1391 ; 1398, § 5 ; déc. min., 29 août 1835.) ci. . . . . *(As.)*

234. MANDATS. — Factures et mandats. — Si la facture n'est pas quittancée, la quittance à mettre à la suite du mandat est. . . . . *(As.)*

235. MANDATS. — Quittances. — Les quittances mises à la suite des mandats pour une somme excédant 10 fr., ou pour traitement annuel au-dessus de 300 fr. *(As.)*

236. MANDATS. — Mémoires annexés. — Les mandats appuyés de mémoires ou factures quittancés, ou d'états émargés et timbrés . . . . *(Ex.)*

237. MANDATS. — Secours pour calamités. — Les mandats et les quittances mises à la suite par les parties pour secours ou indemnités accordés en cas d'incendie, grêle, épidémie, épizootie, et autres cas fortuits, ainsi que les mémoires et factures à l'appui, à la condition que l'origine de la dépense y sera rappelée. (Déc. min., 23 août 1832 ; journ. 10437, et solution 10 novembre 1836 ; déc. min. du 23 octobre 1832.). . . . . *(Ex.)*

238. MANDATS. — Traites ou billets. — Le mandat ou effet à vue, à échéance, au porteur ou à ordre, tel que celui relatif aux frais d'assurances, quel qu'en soit le montant (timbre proportionnel). . . . . *(As.)*

239. MARIAGE. — (*Voir* nᵒˢ 5, 14, 62, 167 et suivants, 192 et 246.)

240. MÉMOIRES. — Honoraires. — Les mémoires ou factures, QUEL QU'EN SOIT LE CHIFFRE, d'honoraires aux notaires, avoués, huissiers, greffiers, experts, médecins, chirurgiens, sages-femmes, vétérinaires, marchands, fabricants, entrepreneurs, enfin tous créanciers à différents titres, et lors même que les mandats quittancés auxquels ils sont joints sont sur papier timbré. (Inst. 1236, § 11; 1239, § 1er; 1391, et journ. n° 10642.)............... (*As.*)

Exception. — Les mémoires et factures à fournir à l'appui des quittances d'indemnités pour *incendies, inondations, épizootie et autres cas fortuits.* (Loi du 13 brumaire an VII, art. 16, *voir* n° 237.).......................... (*Ex.*)

241. MANDATS. — Paiements divers. — *Mémoires à fournir. — Dispenses.* — Les quittances des créanciers ci-dessus désignés. (Inst. 1391.)................... (*As.*)

Cependant lorsque les mandats ne dépassent pas 10 fr., les créanciers peuvent être dispensés de produire une facture ou un mémoire timbré à l'appui des mandats; mais à la condition de détailler dans le corps du mandat l'objet de la dépense, à défaut de quoi, le Receveur municipal est obligé d'exiger une facture ou un mémoire timbré. (Inst. 1336, § 11; 1239, et journ. 10642; inst. 1481, § 17, et 2275.) (*Ex.*)

242. MANDATS. — Rédaction ou formule des factures annexées. — Les mémoires, factures et marchés ne peuvent être visés pour timbre; ils doivent être écrits sur papier timbré. (Inst. 1180, § 9). — Toutefois les formules imprimées qui servent à la rédaction des mémoires et factures des marchands et fournisseurs et des autres dépenses, peuvent être timbrées à l'extraordinaire ou visée pour timbre

avant qu'il en soit fait usage. (Inst. 1286 ; 1307, '§ 14 et
1391.)... *(As.)*

243. **MARAIS.** — Dessèchement, — (*Voir n° 334.*)

244. **MESSAGERS.** — Commissionnaires ou agents
communaux. — Les quittances de traitement ou abonnement annuel lorsque la somme excède 300 fr. (Inst. 1132,
§ 16.).................................... *(As.)*

245. **MESURAGE.** — Comptabilité. — Registre du
prix des grains tenu par les adjudicataires du droit de mesurage. (Déc. min., 23 octobre 1822.)........... *(As.)*

246. **MILITAIRES.** — État civil. — *Expéditions.* —
Tous les actes de l'état civil et autres pièces produites pour
engagement volontaire ou pour établir le registre matricule
du corps. (Inst. 1391.)....................... *(Ex.)*

247. **MILITAIRES.** — Veuves. — Tous les actes à
produire par les veuves et les enfants pour liquidation de
pensions et de secours. (Déc. min., 27 octobre 1807.) *(Ex.)*

248. **MILITAIRES.** — Remplaçants. — Tous les actes
et pièces à produire aux remplaçants et aux libérés se pré-
sentant pour remplacer. (Inst. 1489.)............ *(As.)*

249. **MILITAIRES.** — Dépenses du service. — Tous
les mémoires et factures, quittances pour les livraisons faites
à l'Agent comptable, et quittances sans factures pour les
achats journaliers du même comptable, doivent être sur papier
timbré. (Ins. 1239.)............... .... *(As.)*
Mais les quittances au-dessous de 10 fr. et les états d'é-

margement pour traitement même au-dessus de 300 fr. Salaires et journées d'ouvriers, sont exempts (Inst. 1273.)... (*Ex.*)

Le papier peut être visé pour timbre avant que les pièces soient mises en usage et signées des fournisseurs ou parties prenantes. (Inst. 1286.)

250. MILITAIRES. — Passages, Gîtes. — Les pièces justificatives relatives au paiement des frais de gîte et géolage des militaires. (Inst. 1273.). .... (*Ex.*)

251. MILITAIRES. — Pain. — Les quittances du dixième destiné au pain de soupe des troupes. (Inst. 454.) ci.. (*Ex.*)

252. MILITAIRES. — Fournitures diverses. — Les quittances pour prêts et fournitures, et toutes autres pièces et écritures concernant les gens de guerre. (Loi du 13 brumaire an vii, art. 16.).................... (*Ex.*)

253. MINUTES. — Actes. — Les minutes des actes peuvent être rédigées sur papier de toute dimension. (Loi du 13 brumaire an vii.)

254. MONTS-DE-PIÉTÉ. — Les registres, les reconnaissances d'engagement, les procès-verbaux de vente et généralement tous les actes relatifs à l'administration des Monts-de-Piété. — L'exemption est absolue, et, lors même que ces actes et registres devraient être présentés en justice, il n'y a point d'obligation de les soumettre à la formalité. (Décret du 30 juin 1806 ; ordon. du 31 octobre 1823 ; 6 mars 1828, spéciale pour Nimes; déc. min., 29 juin 1813.) ci .... (*Ex.*)

Mais l'exemption cesse d'être applicable lorsque le récépissé ou la reconnaissance n'a pas pour objet *le prêt sur gage*; ainsi les récépissés donnés par le Mont-de-Piété de Paris au caissier des hospices, des sommes déposées pour le compte des Fabriques et autres établissements publics, doivent être timbrés et même enregistrés avant d'être produits en justice. (Déc. min. du 5 novembre 1811; journ. 4207.) . . . . *(As.)*

Les actes personnels aux préposés des Monts-de-Piété sont également sujets au timbre. (Déc. min. du 20 octobre 1812.) ci. . . . . *(As.)*

255. OCTROIS. — Employés. — L'État des traitements émargés par les employés lorsque le chiffre de l'un de ces traitements excède 300 fr. par an. (Inst. 1231, § 12; et 1732, § 16.) . . . . *(As.)*

256. OCTROIS — Produit. — Les quittances de sommes payées par les Communes pour le dixième du produit des octrois. . . . . *(Ex.)*

257. ORDONNANCES ROYALES, DÉCRETS. — etc. — Les ampliations, expéditions ou extraits délivrés même dans l'intérêt privé des Communes et des particuliers. (Déc. min. du 31 août 1821; 6 janvier 1829.) . . . . *(Ex.)*

258. PATURAGES — Taxes. — *Parcours.* — Les quittances des taxes dites de parcours établies sur les bestiaux conduits aux pâturages communaux. (Inst. 1391.) *(As.)*

259. PENSIONS. — Liquidation. — Tous les actes produits à l'effet de liquidation de pension civile. (Inst. 1231, § 3.) . . . . *(As.)*

260. PERMIS DE CHASSE. — La décision du 31

janvier 1846, qui portait que les demandes de permis de chasse n'étaient pas assujetties au timbre, est rapportée. A l'avenir, les demandes, soit primitives, soit en renouvellement d'un permis de chasse, devront être rédigées sur papier timbré. — Déc. de M. le Ministre des finances du 28 août 1849. (Inst. gén. n° 1828.)

261. PETITIONS. — Réclamations. — *Lettres.* — Toutes les demandes, pétitions, etc., *même en forme de lettres*, présentées aux autorités, sur papier de toute dimension. (Art. 12, loi du 13 brumaire an vii; inst. 72; 293; 525; 765; 1291.)............................ (*As.*)

A l'exception toutefois des pétitions pour contributions directes, lorsque la cote est inférieure à 30 fr. .... (*Ex.*)

Pour les cotes au-dessus de 30 fr.......... ... (*As.*)

(Loi du 21 avril 1832, art. 4; circulaires 1566 et 2042.)

Les pétitions par des particuliers ou des Maires qui ont pour objet des demandes de secours sont suivant déc. min. du 15 septembre 1849, journ. enregist. n° 14798, § 7. (*Ex.*)

262. PETITIONS. — Décisions intervenues. — La réponse à une pétition peut être mise sur l'un des doubles, sous la condition que celui-ci sera sur papier à 1^f 25^c. Cette pièce tenant alors lieu d'expédition.............. (*As.*)

263. PLANS. — Le plan annexé au devis, faisant corps avec lui, et rendu comme lui obligatoire pour l'adjudicaire ou l'entrepreneur, doit, comme le devis lui-même, être visé pour timbre et enregistré avant l'adjudication....... (*As.*)

Si le plan ne fait pas partie intégrante du devis, s'il n'y est pas mentionné, ni rappelé dans le cahier des charges,

ou le procès-verbal de l'adjudication , ni signé par l'entrepreneur, il ne peut être considéré que comme un document
ou renseignement purement administratif, et il est par cela
même exempt de la double formalité.............. (*Ex.*)

(*Voir Devis*, nº 109, 110 et 111.)

264. POMPIERS. — Tous les actes relatifs à la police
générale, certificats délivrés par le Capitaine des sapeurs-
pompiers, indiquant ceux des pompiers qui ont assisté aux
manœuvres ; les quittances de la gratification accordée aux
mêmes pompiers par la Commune, à raison de ces manœuvres.
(Délib., 21 décembre 1830 ; rec. 3122 ; journ. 9874) (*Ex.*)

265. PRESTATIONS DE SERMENT. — Les actes de
prestation de serment des Receveurs des Communes et des
établissements publics. (Inst. 1391.)............ (*As.*)

266. PRESTATIONS. — Prestations en nature et
en argent. — Les rôles de prestations en nature et en
argent pour les chemins vicinaux (Inst. 1391.).... (*Ex.*)

267. PROCÈS - VERBAUX D'EXPERTISE. — Les
actes de cette sorte, soit pour les bâtiments, soit pour des
terrains. (Inst. 1391.).. .... (*As.*)

268. PROCURATIONS. — Les procurations pour recevoir, accepter, etc. , etc. (Inst. 1391.)........... (*As.*)

269. PROTESTANTS. — (*Voir Culte protestant*, nº 95.)

270. QUITTANCES. — D'après l'art. 23 de la loi du 13
brumaire an VII. Il peut être donné plusieurs quittances sur
une même feuille de papier timbré pour à-compte d'une seule
et même créance ou d'un seul terme de fermage ou loyer.

Mais il faut remarquer que le traitement annuel des employés et fonctionnaires des Communes et établissements publics ne constitue point une créance unique, pour laquelle chaque paiement partiel forme un à-compte. —Il n'y a dette et créance au contraire, que pour le temps de service expiré. —Il existe autant de créances distinctes que de paiements séparés.

Si le traitement se paie par *mois*, *trimestre* ou *semestre*, on ne peut donc mettre sur la même feuille que les à-comptes du paiement des fractions de mois, trimestre ou semestre. (Inst. 1370, § 9.)...................... .... (*As.*)

271. QUITTANCES. — Traitements. — Les dispositions qui précèdent s'appliquent aux traitements et suppléments de traitements réunis qui excèdent ensemble 300 fr. par an........ .... (*As.*)

Lorsque ces traitements ou suppléments de traitements sont au-dessous de 300 fr. (Inst. 454.).... ...... (*Ex.*)

272. QUITTANCES. — *Dépenses inférieures à 10 fr.* — Toutes quittances pour créances de sommes qui n'excèdent pas 10 fr., quand il ne s'agit pas d'un à-compte ou d'une quittance finale sur une plus forte somme en rappelant la nature de la dépense dans le corps du mandat. (Art. 16 de la loi du 13 brumaire an VII; inst. 1388, § 11 et 1395.) (*Ex.*)

Il y a quelques exceptions qui sont indiquées ci-après.

273. QUITTANCES. — A-compte. — Les quittances d'à-compte ou de solde de créance *excédant 10 fr.*, quoiqu'exprimant une somme inférieure. (Art. 12 de la loi du 13 brumaire an VII.),.............................. (*As.*)

274. QUITTANCES. — A - compte. — *Rétributions*

mensuelles. — Les quittances d'à-compte de rétributions mensuelles, autres que les rétributions scolaires à un seul et même débiteur, pour des sommes moindres de 10 fr., mais qui réunies en une seule quittance excédent 10 fr. (J. E., 12127.)............................... (*As.*)

275. QUITTANCES. — Contributions. — Les quittances de contributions ordinaires et extraordinaires de toute nature. (Art. 16 de la loi du 13 brumaire an vii.).. .(*Ex.*)

276. QUITTANCES. — Lettres. — Les quittances pour port de lettres au-dessus de 10 fr., sauf celles délivrées par les Directeurs des postes........................ (*As.*)

277. QUITTANCES. — Police. — Les quittances des Agents et Commissaires de police, des Agents de la police secrète pour gratifications au-dessus de 10 fr. (Décision du Ministre des finances, du 17 juin 1843 ; inst. 454.). (*As.*)

278. QUITTANCES. — Jaugeage. — Les quittances au-dessus de 10 fr. pour le dixième du produit du droit de jaugeage et pesage............................ (*As.*)

279. QUITTANCES. — Journaux. — Les quittances au-dessus de 10 fr. pour abonnements à des journaux. (Inst. 454 et 1391, 2e partie.)................. (*As.*)

280. QUITTANCES. — Fêtes nationales. — Les quittances des dépenses au-dessus de 10 fr. à l'occasion des fêtes nationales. (Inst. 454.)................. (*As.*)

281. QUITTANCES. — Officiers ministériels. — Les quittances de sommes au-dessus de 10 fr., données par des notaires, avoués, huissiers, greffiers, etc. (Inst. 1391.) (*As.*)

(*Voir Mémoires,* no 240.)

282. QUITTANCES. — Bureau et logement du personnel communal. — Les quittances au-dessus de 10 fr. pour frais des bureaux de la Mairie et loyer, indemnités de logement aux desservants, chapelains, instituteurs et institrices, sages-femmes, agents de police et commissionnaires. (Inst. 1132, § 16.)..,.......... .... *(As.)*

283. QUITTANCES. — Entretien de la maison commune. — Les quittances délivrées par le Maire, des sommes allouées annuellement *pour l'entretien à forfait de la maison commune*, quand il n'y a pas de mémoires d'ouvriers ou de fournisseurs. (Inst. 1132, § 16.)................ *(Ex.)*

284. QUITTANCES. — Acquisitions. — Les quittances données par des propriétaires d'immeubles pour acquisitions, loyers ou indemnités. (Inst. 1391.)..... *(As.)*

285. QUITTANCES. — Débiteurs des communes et établissements publics. — Les quittances délivrées par les comptables aux débiteurs des Communes et établissements publics, pour les *créances excédant 10 fr. en totalité.* (Inst. 454 et 1231.). .... *(As.)*

286. QUITTANCES. — Logement des troupes. — Les quittances au-dessus de 10 fr. de sommes payées aux aubergistes, *logeurs par spéculation.* (Déc. min. 27 oct. 1835.) *(As.)*

287. QUITTANCES. — Entrepreneurs. — Les quittances de sommes au-dessus de 10 fr., payées aux entrepreneurs de travaux et autres, lorsqu'ils y joignent un bénéfice quelconque; aux entrepreneurs ou régisseurs pour journées d'ouvriers. (Inst. 1391.)........................ *(As.)*

Les états de remboursements d'avances faites par les en-

Q.

trepreneurs de travaux et autres, *lorsqu'ils n'y joignent aucun bénéfice*. (Inst. 1391.)................... (*Ex.*)

288. QUITTANCES. — — Instituteurs. — Les quittances de sommes accordées par l'État pour *secours* et *encouragement* aux Instituteurs, lorsqu'elles excèdent 10 fr. (Inst. 1513 , § 12.)............... .... (*As*)

Ces subventions ne doivent pas être ajoutées aux sommes payées pour traitements et suppléments de traitements en ce qui regarde l'application ou l'exemption du timbre.

289. QUITTANCES. — Secours aux communes pour travaux. — Les quittances des secours *accordés par l'État* aux Communes et établissements publics, délivrées par les Receveurs municipaux *aux Payeurs du Trésor*, pour travaux et réparations sur les chemins vicinaux, quand même ces travaux devraient être faits par des indigents. (Inst. 1513.) ci ,..................................... (*As.*)

Mais les quittances données *par lesdits* indigents, en paiement de travaux, sont toujours exemptes du timbre... (*Ex.*)

290. QUITTANCES. — Secours pour calamités. — Les quittances données pour secours accordés en cas d'incendie , épizootie, épidémie, *et autres cas fortuits*, ainsi que les mémoires et factures des fournisseurs à l'appui. (Loi du 13 brumaire an vii , art. 16.) .... (*Ex.*)

291. QUITTANCES. — Routes. — *Concessions.* — Les quittances ou récépissés des Receveurs des finances pour prix de concessions de terrains, par suite d'alignement sur les routes départementales. (Journ. 12172.)........ (*As.*)

292. QUITTANCES. — Routes. — *Concessions.* —

Les quittances pour prix d'acquisition de terrains pour la voie publique, alignement des rues, établissement de promenades. (Déc. min., 4 mai 1835.)........................ (*As.*)

293. QUITTANCES. — MARCHÉS. — *Notaires*. — Les quittances passées devant notaire pour prix de marchés faits avec l'État, la minute (elle donne lieu à un droit fixe d'enregistrement de 1 fr.) et l'expédition sont soumises au timbre. (Inst. 1504, § 6.)........................... (*As.*)

294. QUITTANCES. — DETTES. — Les quittances, quelles qu'elles soient, pour créances liquidées de 10 fr., et au-dessous. (Loi du 13 brumaire an VII).......... (*Ex.*)

295. QUITTANCES. — RECEVEURS. — *Impositions locales*. — Les quittances des sommes payées aux Receveurs municipaux sur le produit des impositions locales. (Inst. 454 et 1391.).................................. (*Ex.*)

296. QUITTANCES. — ÉTAT CIVIL. — Les quittances de sommes pour fournitures de papier des registres de l'état civil, délivrées par le Receveur de l'enregistrement. (Déc. min., 28 juin 1832.)......................... (*Ex.*)

297. QUITTANCES. — ÉTAT CIVIL. — Les quittances de sommes avancées pour timbre des registres de l'état civil, par d'autres que par les Agents spéciaux des Communes, qui sont les Maires, les Conseils municipaux et les Comptables. (Conséquence de la déc. min. du 28 juin1832.). (*As.*)

298. QUITTANCES. — DÉPOSITIONS DE FONDS. — Les quittances de toutes sommes payées à des dépositaires de fonds du Trésor, recevant *pour le Gouvernement*. (Déc. min. du 28 juin 1832.)..... .... (*Ex.*)

299. QUITTANCES. — Architectes et autres gens de l'art. — Les quittances au-dessus de 10 fr., délivrées par des architectes, artistes-vétérinaires, chirurgiens, médecins, sages-femmes, etc., lorsqu'ils ne sont pas payés à l'année (Inst. 1391.)................................ (*As.*)

300. QUITTANCES. — Savants. — *Gens de lettres, Agronomes*, etc. — Les quittances de sommes payées aux savants, gens de lettres, artistes, etc., à titre d'encouragement ; pour gratifications et récompenses de belles actions ; aux propriétaires de chevaux, taureaux, béliers, etc.; pour prix de courses, primes, etc., lorsque les paiements sont faits par la Commune aux associations d'intérêt public, à titre de souscription. (Inst. 1391.)................... (*As.*)

301. QUITTANCES. — Cheminées. — *Visites.* — Les quittances de salaires pour visites des fours et cheminées, (*As.*)

302. QUITTANCES. — Foires et Marchés. — *Visites.* — Les quittances de salaire pour visites des bestiaux mis en vente dans les foires et marchés........... (*As.*)

303. QUITTANCES. — Receveurs municipaux. — Les quittances des sommes revenant aux Receveurs municipaux, pour frais de perception des impositions locales, quelle que soit la quotité des remises..................... (*Ex.*)

304. QUITTANCES. — Receveurs municipaux. — Les quittances délivrées par un Receveur à son prédécesseur pour forcement en recette d'une somme quelconque prononcé par arrêté du Conseil de Préfecture. (Journ. 11740.) (*Ex.*)

305. QUITTANCES. — Receveurs municipaux et particuliers. — Les quittances données par les Receveurs des finances aux Communes, des remises accordées aux fonctionnaires sur le produit des coupes extraordinaires de bois. (Délibér. du 8 janvier 1828; rec. 2016; journ. 8921) (*Ex.*)

306. QUITTANCES. — Receveurs municipaux et particuliers. — Les sommes versées aux Receveurs des finances pour le compte des Communes et établissements publics. (*Ex.*)

307. QUITTANCES. — Receveurs municipaux et particuliers. — Les récépissés délivrés par les Receveurs des finances aux Receveurs des Communes et des établissements publics qui font des versements pour le compte de leurs Communes ou de leurs établissements. (Inst. 1041.)(*Ex.*)

308. QUITTANCES. — Taxes. — *Rôles de répartition.* — Les quittances, quelles qu'elles soient, relatives aux rôles de répartition des taxes qui tournent au profit des Communes et établissements publics; rôles pour portions communales (*ou rôles des redevances*), etc. (Inst. 1391.) (*As.*)

309. QUITTANCES. — Taxes. — *Répartition des contributions.* — Les quittances du montant de la répartition de la contribution foncière d'un terrain communal, entre les habitants qui jouissent de ce terrain, *sans addition de somme au profit de la Commune.* (Déc. min. 9 février 1835; journ. 11176; et Inst. 1391.)..................... (*Ex.*)

310. QUITTANCES. — Fonds communs. — Les quittances relatives au paiement des fonds communs, amendes de police correctionnelle et des amendes de simple police et dommages-intérêts pour délits dans les bois des Communes, données par les Receveurs des domaines. (Inst. 1307, § 15 et 1391.) .... (*Ex.*)

311. QUITTANCES. — Fonds placés au trésor. — Les quittances des fonds placés au Trésor, ainsi que l'attribution sur la contribution des patentes, centimes communaux. (Inst. 1391.)........................... (*Ex.*)

312. QUITTANCES. — Chasse. — Les quittances extraites du registre à souche, relatives aux permis de chasse. (Inst. 1577, § 27.)........................... (*Ex.*)

313. QUITTANCES. — Forèts. — *Vingtième.* — Les quittances au-dessus de 10 fr. délivrées par les Receveurs des domaines aux Receveurs municipaux, pour le 20e du produit principal des bois des Communes et établissements publics. (Loi des 25 juin 1841, et 19 juillet 1845 ; journ. E, 13240 ; solution, 15 avril 1843 et inst. 1653 et 1738. (*As.*)

314. QUITTANCES. — Forèts. — *Affouage.* — Les quittances du prix des coupes. (Déc. min. du 10 septembre 1830 ; inst. 1391)........................... (*As.*)

315. QUITTANCES. — Ramonage. — (*Voir Cheminées,* nos 79 et suivants.)

316. RECEVEURS MUNICIPAUX. — Comptables communaux et d'établissements publics. — *Amendes encourues.* — Les droits de timbre et les amendes encourues doivent être avancés par eux, sauf recours, quant aux droits de timbre. (Déc. min. du 16 février 1835 ; journ. 11212, et recueil 4762.)

316 *bis*. RECEVEURS MUNICIPAUX. — Comptables communaux et d'établissements publics. — *Communication.* — Les Receveurs des Communes et des établissements publics sont tenus, aux termes du décret du 4 messidor an XIII, de communiquer sans déplacement, à toute réquisition, aux préposés de l'enregistrement, leurs registres et minutes d'actes concernant l'administration des Communes ou établissements, afin que ces préposés puissent s'assurer de l'exécution des lois sur l'enregistrement et le timbre. (Inst. min. finan., 17 juin 1840, art. 1124.)

317. RECEVEURS MUNICIPAUX. — Émoluments. — La déclaration de retenue faite par les Receveurs pour leurs remises excédant 300 fr. par an. (Les remises dues par plusieurs Communes ne sont pas réunies.) (Inst. 1132, § 16.) ci...... .... (*As.*)

318. RECEVEURS GÉNÉRAUX. — Coupes extraordinaires. — *Remises.* — (*Voir Coupes, n° 90.*)

319. REGISTRES. — Délibérations. — *Comptabilité.* — Les registres pour délibérations, arrêtés, comptabilité et autres actes d'ordre intérieur et d'administration publique, sans intérêt privé. (Art. 16 de la loi du 13 brumaire an VII, et 80 de la loi du 15 mai 1818.)................ (*Ex.*)

320. REGISTRES. — Actes ou conventions. — Les registres contenant des actes ou des conventions avec des particuliers ou concernant des biens propres aux Communes et établissements. (Mêmes lois que ci-dessus.)........ (*As.*)

321. REGISTRES. — Livre-journal, etc. — Le livre-journal ou livre des comptes divers des Receveurs des Communes et établissements. (Inst. 918.).. .... (*As.*)

322. REGISTRES. — Souche. — Les registres à souche des sommes excédant 10 fr. (Déc. min. 15 septembre 1831; Inst. 1388, § 1er.) .... (*As.*)

323. REGISTRES. — Souche. — Le registre à souche et le livre récapitulatif pour contributions. (Inst. 918.) (*Ex.*)

324. REGISTRES. — État civil. — Les registres de l'état civil, tenus dans les Mairies, conformément à l'art. 40 du code civil.................................... (*As*)

(*Voir* nos 5, 14, 62, 167 et suivants, 192 et 246.)

325. REGISTRES. — Fabriques. — *Églises.* — Les registres des fabriques des églises tenus d'après le décret du 30 décembre 1809; art. 81 .... (*Ex.*)

326. RENTES SUR L'ÉTAT. — Les quittances d'arrérages ou du produit de l'aliénation. (Art. 16, loi du 13 brumaire an VII.).... .... (*Ex.*)

327. RÉPERTOIRES. — Le répertoire des actes soumis à l'enregistrement passés par les Maires pour le compte des Communes et des établissements publics........... (*As.*)

328. ROLES. — Contributions. — Les extraits du rôle des contributions directes et extraordinaires. (Loi du 13 brumaire an VII; circ. 2042, § 2; et inst. 1391); et ceux du rôle constatant la quotité des frais de perception. (*Ex.*)

329. ROLES. — Prestations. — Les rôles établis pour les prestations en nature et en argent. (Inst. 1391.).. (*Ex.*)

330. ROLES. — Répartition. — *Taxes.* — Les rôles de répartition de la contribution foncière d'un terrain communal entre les habitants qui jouissent de ce terrain, *sans addition de sommes au profit de la Commune*, et la quittance du paiement de la répartition. (Déc. min. 9 février 1835; journ. 11176; et Inst. 139.)........... .... (*Ex.*)

331. ROLES. — Affouage. — *Pâturage et Taxes.*
— Les rôles des taxes communales et des redevances établies
sur l'affouage, et pour le pâturage, le pacage, etc., sont
passibles de timbre. (Déc. min. du 31 déce. 1844 ; inst. 1732,
§ 17.) .... (*As.*)

332. ROLES. — Taxes particulières. — Les taxes
particulières dues par les habitants ou propriétaires, en vertu
des lois et usages locaux et réparties par délibération du
Conseil municipal, conformément à l'article 44 de la loi
du 18 juillet 1837. (Inst. 1391 ; journ. 11176.)..... (*As.*)

333. ROLES. — Jouissance de propriétés communales. — Les rôles de jouissance des fontaines, de fermages,
d'immeubles, de défrichement et de dépaissance, qui constituent d'ailleurs des baux sujets à l'enregistrement.. (*As.*)

334. ROLES — Marais. — *Dessèchemens.* — Les rôles
des indemnités dues par les propriétaires de marais ou terrains desséchés, lorsque le dessèchement est fait par des
concessionnaires................................... (*As.*)
Lorsqu'il n'est pas fait par des concessionnaires. (Masson-
de-Long-Pré, p. 171.)..... .... (*Ex.*)

335. ROLES. — Octroi. — Les rôles d'abonnement
d'octroi réparti sur tous les habitants. .... (*As.*)

336. ROLES. — Secours. — Les rôles établis pour
la distribution de secours à domicile. (Inst. 1391.)... (*Ex.*)

337. SAGES-FEMMES. — Gratifications. — Les
quittances de gratifications accordées par les Communes pour
soins donnés à des femmes indigentes. (Décision du Ministre
des finances, 23 mai 1831.)..................... (*As.*)

338. SAPEURS-POMPIERS. — Gratifications. —
Les quittances de gratifications payées aux sapeurs-pompiers
et certificats à l'appui............. .... (*Ex.*)

339. SAPEURS-POMPIERS. — Secours. — Les
quittances de secours accordés à des pompiers ou à leurs
veuves ou à d'autres employés *indigents* et dont l'état est
constaté. (Journal 12388.)...................... (*Ex.*)

340. SECOURS. — Bureaux de charité. — Les
quittances de secours accordés sur les fonds communaux aux
bureaux de charité............................... (*Ex.*)

341. SECOURS. — Hospices. — *Fabriques.* — Les
quittances des secours accordés sur les fonds communaux
aux hospices et aux fabriques des églises. (Inst. 1236,
§ 12.)..................·....................... (*As.*)

342. SECOURS. — Indigents. — Les rôles de répartition de secours à domicile. (Inst. 1391.)........ (*Ex.*)

343. SUBVENTIONS. — Écoles communales. — Les
subventions aux Communes par l'État ou le Département,
pour l'instruction primaire. (Déc. min. 9 octobre 1835 ;
Inst. 1513, § 12.)............................ (*As.*)

344. SOUMISSIONS. — Terrains communaux. —
Usurpations. — Les déclarations et soumissions d'acquérir,
faites par les détenteurs des biens communaux usurpés, ainsi
que les expéditions de ces actes. (Déc. min. du 8 brumaire
an XIII, et 5 mai 1807 ; inst. 328.)... .... (*As.*)

345. SUBVENTIONS. — Établissements publics. —
Théâtres. — Les subventions accordées par les Communes

aux établissements civils et religieux , ainsi qu'aux théâtres.
(Inst. 454.)......................... .... (*As.*)

346. TIMBRE. — Papier timbré. — *Actes*. — On
ne peut pas mettre deux actes à la suite l'un de l'autre sur
la même feuille de papier timbré, sauf les exceptions mentionnées en l'article 23 de la loi du 13 brumaire an VII,
rappelées à la page 2.

347. TIMBRE. — Papier timbré. — Le papier qui a
été déjà employé à un acte quelconque, ne peut plus servir
pour un autre acte, quand même le premier n'aurait pas été
achevé, et ce, sous peine d'amende. (Loi du 13 brumaire
an VII ; art. 22 et 26 ; et loi du 16 juin 1824, art. 10. (*As.*)

348. TIMBRE. — Papier timbré. — *Empreintes*. —
L'empreinte des timbres ne peut être couverte d'écriture ni
altérée, sous peine d'amende (Loi du 13 brumaire an VII,
art. 21, 23, et 26 ; et loi du 16 juin 1824, art. 10.

349. TRAVAUX. — (*Voir* n° 54 et suivants.)

350. TRÉSOR PUBLIC. — Les quittances de paiement
en principal ou intérêts de toutes sommes placées à la caisse de
service du trésor public. (Loi du 13 brumaire an VII.) (*Ex.*)

351. USURPATIONS. — Terrains communaux. —
(*Voir Soumissions* n° 344.)

352. VACCINATEURS. — Les indemnités éventuelles
accordées aux officiers de santé, *pour vaccination gratuite,
lorsqu'elles sont converties en traitement annuel excédant
300 fr.* (Inst. 1132, § 16.) .... (*As.*)

353. VERSEMENTS. — Récépissés. — Les récépissés

de versement à la recette des finances pour le compte des Communes. (Déc. min. 1er mai 1822; inst. 1041). (*Ex.*)

354. VICAIRES. — (*Voir Culte-catholique.* nᵒ 91 et suivants.)